U0070919

尖山腳下
一家黃帝子孫

林慧曾 著

前言

我們這一代出生後正碰上時代的不斷變動，少兒時期被灌輸的多屬蘇式教育。開智以來的社會大環境，中華民族以「孝」為本的傳統教育每況愈下。對「孝」的基本否定，或許是為了適應那個時代培養新型接班人吧？所以那時青少年對自己的先人大多不瞭解。

在如此社會氛圍下，加上父親離世時筆者僅十三歲——此前基本沒與他共同生活，因此與父親沒什麼接觸，何況交流。母親在世時又很少談及父親及先輩的事，只有中學時代與姑姑住在一起，她有時會述及先輩一些零星舊事。但當時對這些並不上心，所以對父親的情況不甚瞭解，對祖父及他的同輩，如傑出的三叔公或更上輩的就更不瞭解了。好幾十歲了，連祖父的名字也不知道，所以拿起筆來談論祖輩、追蹤先人，實在感到頗為陌生。

如果形容那時社會普遍存在「數典忘祖」的話，實不過分。這當中既有時代的問題，隨著年歲的增長，發覺也有個人無知、「孝」的悟性不高的因素。

幾十年後的現在，已經不是「革命」時代了，治理社會的方式不斷柔化，人們已可以見到包括族譜、地方誌以及以前不能出現的相關書籍。這無形中促使我們這一代中許多人，在壯年以後感到有必要補償以往的一些缺失，其中就包括以追尋上輩的一些零星事跡為切入點，對先人尋根問底，填補過去對他們幾乎完全無知的空白。

更重要的是，趁此機會可以進一步解開為什麼說我們是炎黃子孫的疑問。雖然都說是炎黃子孫，但對絕大多數人來說，這僅是虛無渺茫的概念。究竟我們與炎帝、黃帝有否血緣聯繫？又如何聯繫？人們一般忽略去想這個問題，更很少人會花費時間去認真探討。正好在瞭解近代先祖的各種社會活動後，通過查找我本人——廣東平遠山區一家客家人家族的族譜及其他資料，進一步追蹤我們家族如何與黃帝部族之間的血脈連繫，從而活生生地呈現幾千年前基本還靠自然採集和魚獵謀生的黃帝部落，其後人發展到近代複雜社會，如何依然為社會的進步做不懈的努力和奮鬥。如黃帝後裔的比干，不惜犧牲性命而直諫暴虐的商紂王，幾千年後比干的後人、我的祖父——廣東省代議士林魯傳不受威逼利誘堅決反對解除「禁止賭博案例」。這不但使我們與黃帝部族的血緣關係，從虛無縹緲變成確鑿有據，更從中體現出中華民族在地球上幾千年如一日，始終為民族進步奮鬥的優良**傳統**。

本書定名為《尖山腳下一家黃帝子孫》，其第一個理由就如上所述：我們確實是黃帝後裔。第二個理由是，站在平遠東石北望，有一高山名為「尖山」，它是全山範圍都在平遠境內的第一高山，海拔一〇〇八米，我們老家平遠東石涼庭就在此山之下不遠。

此外編撰此書還有如下幾個思想過程想加以說明：

最初我零星撰寫有關先輩文章，並無意想集成一書，後來有了這樣的想法，多是得長兄馨曾以及堂兄德偉的支持和鼓勵。更得到他倆親筆文章以及二哥紀曾的兩篇文章，於是把他們有關文章也集中在一起，成了此書。

既然書的作者寫明是我，所以本應把兄長們的文章另註明為「附件」，但為敘述得更清楚，就把兄長們的文章插在我文章的有關章節，僅希望兄長們會理解這一安排。其中幾篇現在後輩情況的文章，無非希望讀者對今天先人之後輩也有一點瞭解，使整本書更全面一點。

應該指出，追憶先祖的事若由兄長們去做，本應更適合和完美，因我的水準難望他們之項背！只因年事以及健康等原因，我唯有不避淺陋、盡力而為。

由於我們平遠東石林姓發展源遠流長，先祖遺事說之不盡，即使近支族人德行俱佳、值得一書的都不計其數。所以想追求周到、全面，無論從資料的不足、查找的困難以及個人的閱歷過淺、所知甚少、對舊資料理解欠佳以及時間並不充裕等等方面來考慮，都未具有達致完美的充分條件。又因各篇文章都是在不同時期獨立寫成，為了每篇文章當時的完整性，各篇文章之間偶有重複之處。總之錯漏在所難免，萬望遠、近各支親人如發現遺漏、疏忽或不詳等情況，請多多見諒，多多包涵！

特別要強調的是，我們對先人的回憶和緬懷不是為了炫耀，這不符合我們先祖不「自矜功伐」和「雅不願自為表暴亦不願人之代為表暴」的做人準則和品格。炫耀反而是對先人的最大不敬，甚至褻瀆，也是自我淺薄與涵養的缺失。我們回顧先人，是希望學習他們奮鬥的精神，策勵我們後輩在今天更好做人。而在學習他們、策勵自己之前，首先是要瞭解他們的優秀之處，這才是此書的目的。

基於上面所述的各種情況，本書共二十一篇文章，把十二篇文章作為第壹「追憶先輩」部分放在前面，首先對近代先輩有個基本瞭解。根據先有追憶才有策勵的原則，隨之六篇文章作為第貳「策勵人生」部分，以瞭解我們這一代的奮鬥概況。而詳細追蹤我們與黃帝部族一脈相承的關係，以及與個別林姓著名歷史人物的關係的最後兩個特別章節，和一個附件作為第參部分「追蹤遠祖」放在最後。壹、貳部分的文章，本想以先人功勞之大小分順序：有關林震三叔公、粵叔的文章理應擺放於前，但若這樣處理，以後的順序也會有一定的難處。所以最後採取舊時族譜依輩分大小、同輩則依長幼先後的順序，這樣就比較簡單了。

慧曾　於紐西蘭奧克蘭
二〇一七年二月十八日

目次

貳　策勵人生

參　追蹤遠祖

壹
追憶先輩

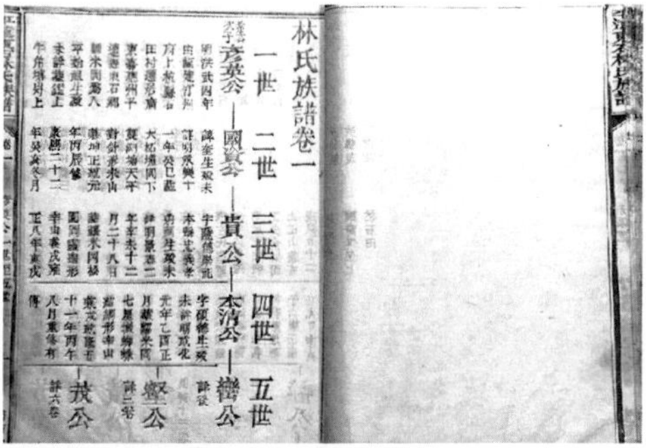

《林氏柴林閩杭老祖譜系簡錄》，《平遠濟南林氏族譜》即來自此譜。

一 奏臚公及其名下值得稱頌的四男兩女

瞭解自己的先祖，從而學習他們優秀的德行應從哪裡開始呢？尋思良久，覺得最便捷可行的辦法還是從自己這一系的先祖開始，所以我確定從自己的曾祖父奏臚公切入。奏臚公不單是我們直接祖輩，離我們不算太遠，而且他本人很特別、他名下的子、孫幾乎都很優秀，是值得重點描寫的我的祖父輩和父輩，所以從曾祖父奏臚公切入是合適的。

但在瞭解奏臚公精彩人生之前，有必要先瞭解一下奏臚公先祖的簡單繁衍脈絡，使我們對先祖來歷先有個粗略概念，也好為後面更詳細瞭解由先祖到我們的傳承路線打下基礎。

（一）奏臚公的先祖

自周初比干之子堅被周武王賜姓林以來，林姓在南方的發展始於晉元帝司馬睿因北方動亂被迫南渡建立的東晉初年（建武元年即公元三一七年）。比干第八十三代孫林祿（字世廕[1]）隨元帝南渡，林祿家人隨之入閩定居。從此林姓的發展，在以福建為起點的廣大南方一發不可收。（見《林氏史話》一五四頁）。

林祿的第二十八代孫萬一郎在北宋期間遷福建靠西北的上杭，萬一郎的九世孫：彥斌、彥英、彥瑞已是比干第一百一十九代孫，三兄弟本人及後裔都先後有後裔遷入平遠。

彥英、彥瑞兩兄弟在平遠東石開基後，成為上杭外遷林氏最旺的二房。其中尤以彥英公（生歿不詳）於明洪武四年（一三七一）遷入東石耀米崗，其後裔在東石周圍發展較好。在東石、河頭、大柘、泗水各地有數以萬計後

1 關於林祿究竟是比干第幾代孫：《林氏史話》稱是八十三代，如查《平遠濟南林氏族譜》，林祿的代數比較大、比較亂。但幾處可認定為同代。所以雖然對「八十三代」一說也不無懷疑，本文姑且採納八十三代吧。以後的代數以此為基礎。

下涼庭祖屋意曾、志曾、錫曾等主持重修的琨露公以下歷代祖先牌位。

筆者與堅守平遠的堂兄志曾攝於琨露公墳前。

人。彥英公的十四至十六世還有部分後裔後來從平遠遷居臺灣、四川、湖南、廣西等地。至今有些地方彥英公後人已傳至二十四至二十九世不等。

我們上、下涼亭的林姓是彥英公後裔，彥英的四世孫本清公有九子，分九大房，我們是第三房茂公名下，與豐泰堂共三房。

在我家老屋平遠東石下涼庭東邊有先祖琨露公的墳墓，琨露公已是彥英公第十六代，琨露公三子崇亮公的次子就是我們準備以之切入的傑出而賢德的奏臚公。奏臚公已是彥英公的第十八代，是我的曾祖父，所以魯傳、演存（女）、林震為第十九代，公頓、林瑋（女）、士諤為第二十代，我這一代已是二十一代即比干第一百三十九代孫了。

（二）奏臚公的賢德

奏臚公（名傑益、字欽雲）我們的曾祖父，生於道光十九年（一八三九）歿於光緒十八年（一八九二）享年五十三歲。他與丘逢甲弟弟邱瑞甲是連襟。

話說民國十一年，在廣州忙於省議員工作的祖父林魯傳，接到三叔公林震來信稱：「吾宗修譜將告成矣，而先公行述闕然未備」（作者按：標點符號筆者加——下同），催促祖父快點解決。祖父感到父親去世已經三十年，而自己與弟弟林震「文不能經邦，武不能戡亂」本已有負先人，如果現在又將「先人之嘉言懿行，足以表率當世善良風俗者」聽其湮沒不彰，那就罪大了！

祖父決定「爰濡筆述之」，祖父從當時的時勢講起。說現在國家如此之亂，為治國方略紛爭不已，多認為最終應「以自治為歸宿」，可有誰知道：「自治之實，吾鄉已先有條理，而吾先人實早開其端」。祖父說奏臚公：「少穎異至性過人」，因家母體弱多病，他十四歲就擔當起家庭重擔，而且在此期間他考取了秀才，「例應廷試」因考慮老父崇亮公年邁需要照顧而最終無奈放棄上進。

祖父說那時適逢太平軍暴亂，鄉間「群盜竊發」隨之「疾疫饑饉相繼」。曾祖父奏臚公倡辦團練、頒佈條約、穩定人心並發動救濟。當時「主軍者為鮑公超，素乏紀律」，曾祖父居然挺身周旋「設局為之代辦」，使鄉民安然度過這一危難時期。須知，此時的奏臚公仍屬「齡俱幼」之時呢！

魯傳公說這充分說明「自治之實，吾鄉已先有條理，而吾先人實早開其端」了。

至於曾祖父的其他生平略事，為表客觀，祖父魯傳公說「林樾亭先生已前紀之」，祖父把同族

林樾亭先生所撰文章推薦給我們後世。

樾亭先生對奏臚公的為人熟悉並崇敬有加，在奏臚公驟然離世後，他為奏臚公特別「做誄」以表紀念：（見《平遠濟南林氏族譜》第一〇四—一〇五頁）

樾亭先生是這樣描述奏臚公的：

他首先說奏臚公是個「生前崇人望去後系人思」的人。

奏臚公是個大孝子，其父崇亮公家庭境況並不太好，但他「待父母也身累八口手傳一經，會意於聲色之先，得歡於動作之後。」

奏臚公對兄弟親情深厚：「洽兄弟也不藏己私、不稱己勞、不多己智、不以伯兄之少文而懈其禮，不以季弟之爽直而隔其情……」

奏臚公對同族「……之篤本支也同其苦、共其甘」。

奏臚公一生樂善好施、捨己為人「推有恤，無惠施不倦，雖有艱難挪貨，口猶喃喃焉戚囑之窶貧苦。」

奏朧公勤學苦練「旅館邸次皆勤筆硯之場，世態人情盡為文章之藉」。

奏朧公很會唸書「早歲矍序蜚聲」考取秀才。

奏朧公心懷壯志，本有雄心士進，為國效勞。他「旋應廷試，繼乃北上不售，南薦不售，熱血一腔」然而因各種原因終未能如願以償，對此他「屢為知己前悼嘆噫」

奏朧公「非有崇勢也並非有異行」，他只是熱誠助人主持公義，以至「胡邑有事焉曰待上舍（即奏朧公）以酌，鄉有事焉曰待上舍以商。」

奏朧公襟懷坦蕩、胸無城府、至誠待人又能言善道，他「閒攜斗酒過從諭事則津流口角，談理則悟徹指頭」、「每當風晨月夕之際，澄印心曲跡象俱空」與大家敞開心扉、暢所欲言，以至常常忘了時間和疲倦。

奏朧公當年突然去世後於是「親疎隕涕、遠近含悲、同人誄歌、邑侯弔唁」！

上面的陳述詳盡說明了奏朧公的為人，使我們知道為什麼他如此受家人、鄉親的留戀和懷念。此外林家人氣管（支氣管）多有毛病，也自奏朧公就有記載：「壬申（注：同治十一年即一八七二年奏朧公三十三歲）以前患氣喘得鹿茸以起沉痾」

從樾亭先生的文章可見奏朧公為人實屬楷模！真值得一書，他受了什麼教育？以至於有如此品德？他的為人如放在今天，也難覓類同的人啊！也許上天因此對奏朧公眷顧，使他的兒、孫都成了不俗而有所做為的人？

奏朧公的事跡也使我們感悟到：在成熟的「封建」社會，善良的漢民族早已存在一套平和「自治」生活模式，歷史有必要以折損數以千萬計生靈做代價，對這樣的社會做徹底（注意：我說的是「徹底」）的改變嗎?!

（三）奏臚公名下值得稱頌的四男兩女

彥英公後代有眾多優秀人物，這是肯定的。由於筆者離開東石很久，也找不到綜合的調查資料去統計這些優秀人物以及他們的事跡，所以這個問題只能希望今後會有人去做了。

但據我所知，自清末民初至中華人民共和國期間，東石林氏彥英公第十八代孫奏臚公名下的兒女魯傳、林震、演存（女）以及孫子孫女林公頓、林士鍔、林瑋（女）是比較傑出的，這也是本文特別拿出來做簡單介紹的原因。

現按他們年齡由大到小簡述如下：

一、**先祖父魯傳公**（光緒三年丁丑，即一八七七年生到一九二四年逝世）

彥英公第十九代孫，叔公林震最尊敬的哥哥，我的祖父魯傳公，在清末民初是公認的「平遠教育先賢四傑之一」。我的叔叔林士諤回憶說：「……你祖父在世時即熱心於辦鐵民學校，他認為要振興中華必須從教育事業著手，提高中華民族的文化水平。」他積極參與辛亥革命，參與脫離清政府實現廣東獨立的活動，尤其作為丘逢甲的學生與革命同仁，在清末民初時期對丘逢甲先生的革命活動大力協助支持。是武昌首義成功後，丘逢甲應孫中山之邀北上南京商議民國建國方略的核心成員。在他當廣東省議員時，在轟動粵省的那次反對「廢止禁止賭博」議案中，面對陳炳焜督軍暗中威逼和賄賂議員投票通過此案的行為，面對失節者的譏笑，祖父憤然喊出：「縱天下人皆失節，吾決不失節，亦正為天下人皆失節，尤不可不有人不失節，留人類以正氣」——這句鏗鏘有力、正氣凜然、永遠震撼人們心弦的話。並最後與其他議員合作否決了這危害廣東百姓的議案，表明了他高尚的政治品格。

先祖父特別注重兄弟姐妹之間的感情，提倡「兄友弟恭」，把自家的中間廳堂命名為「孝友堂」，他竟然在三弟林震過世後，因悲哀過度導致自己不久也離開人世，這充分說明他的性格為人，很值得我們學習。

二、**姑婆林演存**（出生年份不詳，一九三一年冬天去世）

林震的姐姐林演存，本已嫁給蕉嶺母親娘家的一個表兄陳湘南，因陳早死，而受當時改革風氣漸開影響，不甘於一生為此束博，自己奮鬥成為平遠第一位留日女學生，在東京女子醫學校學醫。在日期間與秋瑾好友唐群英、朱光鳳、劉其超倡議成立女權組織，也是救國組織的「留日女學會」，並創辦《留日女學會雜誌》。

據《東京朝日》（一九一一年十一月十五日和二十日）所載之《吳女士和葉女士》、《博愛丸的首次航行》兩文。武昌起義時，林演存與東京女子醫學校同學蘇淑貞、蘇洵貞姐妹倆還有林貫虹、唐群英……等八人組成了女子紅十字軍，於一九一〇年十月十九日回國參戰，與張竹君組織的上海紅十字社一起，赴漢口從事救護活動。廣東北伐軍組建後，林演存又參加廣東北伐軍醫務工作……。她是民初最有名的紅十字軍參與創辦人之一，後來衍生成為紅十字會。與她一起創辦紅十字軍的女性，日後不少成了中國女界領袖。

民初一九一二年，演存姑婆協助後來被毛澤東稱讚曾為人民做過許多好事的慈善家、曾任民國第一任國務總理的熊希齡，在香山建立浩大的「香山慈幼院」。該慈幼院佔地千畝，內有幼稚園、中小學、工廠、農場、運動場……，用於救濟幫助清末民初大量苦難少年兒童，尤其滿族孤兒。林演存以其人格、學歷以及對革命的忠誠成為熊的得力助手。熊希齡任命她為香山醫院院長，熊對姑婆非常尊重，為姑婆書寫的「忠躬舊盧」曾鑲嵌老家大門，「闇香齋」三字則成為老家讀書屋子的名稱，原刻在麻石上，現在是否保存已無從查考。[2]

演存姑婆不但是清末民初平遠婦女思想解放、衝破封建羈絆走向世界、為社會服務的先驅。她在奏臚公名下兩個傑出兒子魯傳、林震不幸早逝前後擔負起培育他們子女的重擔。有關這方面的情況我的粵叔（林士諤）在給長兄馨曾的信中有這樣回憶的：「……曾任過內閣總理的熊希齡在京郊香山辦了一個慈幼院並自任院長，該院附屬的香山醫院即聘請演存姑任香山醫院院長。先後提供你父親、秀瓊姐、秀珍姐到北京上學……。我父親（指林震將軍）去世時演存姑親至廣州看病和護理半年多，以後又提供我和士驤弟到北京上學。演存姑培養了秀珍姑（指我的阿姑林瑋），又間接地培養了你們兄弟姐妹多人，而他自己卻沒有親生兒女……」在另一封信中，粵叔又回憶道：「……特別是我在十二歲童年到北京念高小（六年級）時，還和我的姑媽（指演存姑婆）睡在一起達一年左右……。當我上匯文中學初二時，我的「阿姑」因病辭去香山醫院的職務回到平原家鄉……。大約是一九三一年冬左右我考上上海交

2 有關演存姑婆一些事跡在拙文《尋找先父在「火燒曹宅」中的歷史痕跡》中也有述及

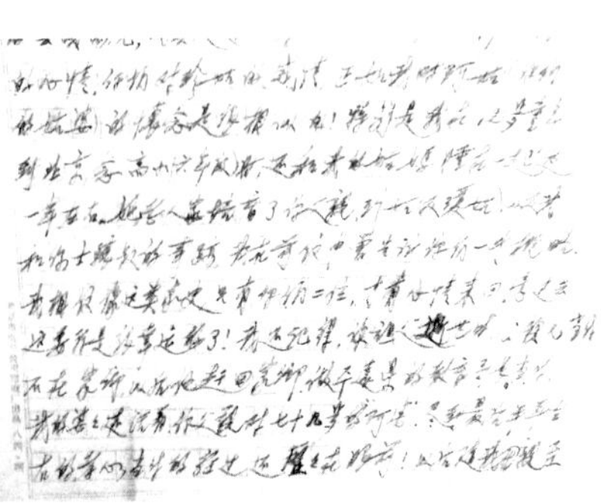
粵叔手跡一。

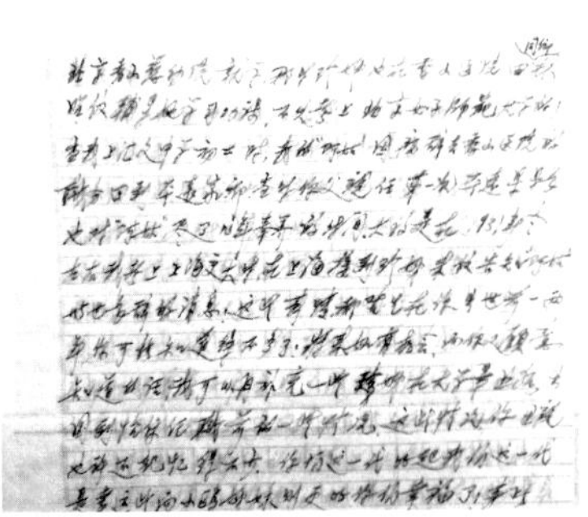
粵叔手跡二。

大時，在上海接到珍姐來信告知「阿姑」與世長辭的消息……」

至於演存姑婆教育出來的先父林公頓、粵叔林士諤、秀珍阿姑（林瑋）是否比較成功，在下面會有較詳細的介紹。從中可見演存姑婆在林家的巨大貢獻和犧牲，甚至林家男性都應視為楷模而得到尊重！十分遺憾的是，我能瞭解到演存姑婆的事情太少了，只能祈望她老人家原諒和祝福她在天國幸福安詳！

三、**叔公林震將軍**（光緒十二丙戌即一八八六年生——一九二四年逝世）

在中華民國編撰的《革命人物志》第十七集中，中山大學第一任校長鄒魯在他撰寫的《林中將墓表》中說道：「辛亥武昌起義。清廷起用袁世凱，以馮國璋統一軍由京漢鐵路南下，漢口、漢陽、相繼失守，張勳負固徐州，與北洋第五鎮將沿津浦路直攻南京，民國之勢至岌岌也。卒因固鎮、宿州連捷，張勳敗棄徐州，和議告成，民國統一，此兩役所關，固不大哉。而為此兩役主幹之軍隊，則廣東北伐軍。而為廣東北伐軍之主幹將領，則中將林公。」所謂主幹將領是指直接參與前線作戰的前敵總指揮林震加上他的參謀長李濟深（後中華人民共和國主席）高級參謀張文（後國民黨革命委員會領導人），而總司令姚雨平當時坐鎮南京。北伐後林震回廣州從事軍事教育及孫中山高級參謀工作。

無疑，延續千年的專制制度早晚有被推翻的一天，但「反動派」是掃帚不到照例不會自動消失的，這種大事也不是少數人可以畢其功於一役的，而必須經歷長期的眾多志士仁人們的鬥爭。叔公作為「主幹將領」參與的這件事，是與眾人最後拿起掃帚，把幾千年專制皇朝制度最後掃進歷史垃圾堆的偉業，是很光榮的。其意義具全國性，也是影響民族歷史的大事。即憑他做的這件事，與林姓千年發展出現的傑出人物相比，也毫不遜色，故應給予他應有的歷史位置。

四、先父林公頓（光緒二十五己亥即一八九九生——一九五七去世）

彥英公二十代孫，先父公頓年輕時在北大求學，積極參加過「五四」愛國學生運動。受當時現代思想洗禮的他畢業後曾一任始興縣縣長、兩任平遠縣縣長，其中最後的一任為五年，為民國期間平遠任期最長的縣長。

他把現代社會政治經濟文明治理的概念引進一個落後的山區，提倡現代社會的治理概念如「公理正義」、「循禮守法」。他積極推行禁煙、禁賭、禁高利貸，設立義倉備荒救災，開辦郵局、鋪通電話、修築公路、封山育林、興修水利、整頓學校發展教育等等，為平遠初步進入現代社會做出不可抹殺的貢獻。

先父一生沒有偏離追求社會進步和正義的良知！任職期間堅決拒絕借公中飽私囊，堅持清廉守節，承傳了清廉正派的家風。

他的人格、品德、為官的表現與整個社會文明進步的普世價值是完全吻合的！也因此至今為當地人民和官方所肯定。被認為是平遠歷史上，評價最高的五位主政官員之一。

五、阿姑林瑋（一九一一——一九八〇年）

阿姑林瑋，畢業於北京女子師範大學中文系，畢業後回廣州中山大學工作短暫時間，即於一九三四年應旅居馬來亞平遠籍僑領邀請，前往馬來亞怡寶「霹靂女子中小學」任校長。阿姑一心樸實於教育工作，為馬來亞華人悉心培育良才，她一做就是十五年，深得當地華人喜愛。現馬來西亞怡寶《霹靂女子中小學》歷屆校長名錄仍刻有她的名字，她是該校任期最長的一位校長。

一九四九年中國大陸變色，受先父影響以及純潔愛國情懷，毅然放棄優厚待遇，辭去校長一職，於一九五〇年初北歸報效祖國。阿姑返粵後即到北京找到李濟深（中華人民共和國副主席），經李介紹回粵任廣東省教育廳中教科科長。

五〇年代初期「三反五反」，有關方面懷疑阿姑所存「鉅款」有貪污之嫌，其實阿姑在馬來亞任校長十五年，自己又沒有結婚，有一定數額從馬來亞帶回的積蓄本屬正常。但阿姑也為此被折騰一番，阿姑只好把情況反映給李濟深，李把情況轉告毛澤東，毛澤東親自給阿姑回了一封信，阿姑得以解脫。

阿姑後來被調離教育廳，先後在廣東師範和廣州某中學從事教育，文革期間尤其受到許多無理歧視與委屈，終於在改革開放開始期間的一九八〇年去世。她的骨灰存放於廣州銀河公墓高幹聽，也算是中國大陸對她一生的肯定與補償吧。

六，粵叔林士諤教授（一九一三—一九八七年）

先父的堂弟林士諤名粵齡，一九三五年在上海交通大學電機工程系獲學士學位。於同年考取粵省公費留美，在麻省理工學院航空系作研究生，先後獲得碩士、博士（Sc;Dr.）學位。一九四〇回國後，又先後在成都機械學校、航空儀錶修造廠、航空研究院工作，後任廈門大學航空系教授、系主任。一九五二年到北京參與創立北京航空學院（現北京航空航天大學），直到他退休和去世。

在《中國科學家辭典》現代第三分冊，第二六九—二七一頁載：「……一九三八—一九三九年他應用當時麻省理工學院最早的一臺模擬計算機『MIT微分分析儀』對飛機在自動控制下，縱向和側向運動做了全面深入的分析，並在一九三八年撰寫的博士論文《飛機自動控制理論》中，首創應用（二）或（m）階待選劈因法，解算高階特徵方程的實根和複根。……當時即得到美國學術界廣泛的重視和應用，被譽為「林士諤法」（Lin's Method）。「林氏法」從五〇年代起編入中國「計算方法」和「數學手冊」等裡面。國外專業論著述及此法者更多，在此不一一羅列。

學理工科的人都瞭解，書本裡有許多公式、定理都以人名命名，在現代學科裡這些命名基本是外國學者的天下。所以我們上涼庭林氏裡有一位林士諤教授，他發明的解高次方程的「劈因法」被命名為「林氏法」其實用性至今依然，為民族及世界航空航天事業做出了貢獻，被錢學深譽為中國「陀螺鼻祖」。粵叔是北航的創始人之一，他在北航開創的二系現在已經發展成為「北京航空航太大學自動化科學與電氣工程學院」。

粵叔還有一個值得一書的偉大的品格，那就是他雖然在學術上有如此崇高的地位，卻毫不計較自己遭受極為不公對待的往事。他秉持我林家一心報效民族，尤其承傳了其父即我的三叔公林震將軍「持躬廉潔待人誠懇不爭權利不避勞苦認為義所應為即竭力奔赴」的優良品格（參考《平遠濟南族譜》一一三頁）。

為了紀念他，讓學生有一個崇拜的榜樣，在北航幾個地方設有粵叔的雕像。他被認為是個「矢志愛國的科學大家」。錢學深與粵叔在美國是同學，他瞭解粵叔在科學上做了對民族對世界都有意義的事，更瞭解粵叔的性格、人品，所以粵叔去世錢學深是治喪委員會主席。

（四）後語

由於追索林氏的歷史軌跡，所以必然會瞭解到林氏歷史發展長河中，曾經出現過什麼成就較大的人物。常言道，有比較就有鑒別，筆者發現如把東石林姓開基祖彥英公十八代孫奏臚公名下，他的兒子林商翼、林震、女兒林演存以及他的孫子林公頓、林士諤和孫女林瑋這四男兩女的情況擺出來，尤其把奏臚公三子林震將軍以及林震將軍長子林士諤教授的情況擺出來。從上面簡單介紹的概況看，他們不僅不愧為東石林氏傑出人物，即與林氏歷史上曾經出現過的傑出人物比較，筆者認為他們一生的貢獻或成就也毫不遜色。

他們還都有一個共同的品德上的可貴之處，就是都努力為國為民貢獻和付出。然而他們對名利、金錢卻十分淡泊，尤其不喜自吹自擂。筆者認為他們淡薄名利的品質，如他們在生，是不會允許下輩宣揚他們的，但這正是值得我們書寫與學習的地方。

二 敢於堅持氣節的祖父林商翼

尋找祖父的資料已不多，但根據這些不多的資料已使我感到，祖父實在有很多值得一書、值得後世紀念、學習的地方。

（一）祖父的概況

祖父是一位不尋常的讀書人，根據族譜、地方誌以及一些書籍的記載祖父「林商翼（一八七七—一九二四）字焯基號魯傳，奏臚公長子」，「幼承家學，穎悟絕倫，讀書數行齊下，然擷大要，不屑為章句之學，能文而不多作，蓋志不在此也。」所以祖父是個善於讀書的人，少年時讀書可以一目數行而概括出書中主題意思，夠聰敏的了。祖父參加過科舉考試，被取為附學生圓也叫「拔貢生」即秀才。

然而祖父不是一個唸死書的書呆子，他不喜歡那些專為考取功名而設的「章句之學」，認為八股文「錮智慧，懷心術」。雖然能寫文章但不多寫，因為他的志向不在於此，不在於僅僅為仕途，而在於追求實用、做個好人。

祖父個子高挑、五官端莊、面貌清秀、皮膚白哲，身體比較羸弱，對儀容外表不太在意。祖父性情淡定恬靜、雙目炯炯有神「遇事機警果斷，思慮周密」談論分析事情「滔滔汩汩終日不倦，而透闢精詳，人皆為之心折」。祖父主要精力放於博覽群書，不直接從事農作，他常以私蓄幫助要求上進而貧窮的青年。

（二）祖父接受的教育

祖父不喜「章句之學」，喜讀經、史，喜歡學習古代名賢，以其名言來激勵自己做人，他性格耿直，為人正派。祖父有這樣的涵養與他從小在舅舅家接受教育有關鍵的作用。

祖父少年時被送到平遠縣隔鄰的蕉嶺縣母親娘家，跟從他頗為尊敬的舅舅陳庭鳳學習，曾祖父奏臚公結髮妻子陳氏，即我的曾祖母是陳庭鳳的大妹妹，筆者應稱陳庭鳳為「太舅公」！祖父少年就到太舅公家學習，得其教誨，這對祖父一生影響很大，所以要瞭解祖父一生，很有必要先介紹一下陳庭鳳。

陳庭鳳（一八五五—一九一一）字鶴雲號孝廉，是平遠縣隔鄰蕉嶺（以前稱鎮平）新鋪墟、金沙鄉、福嶺村人。光緒十五年（一八八九年）己丑科舉人。

陳太舅公識時務，有遠志「胸懷開闊，疾惡如仇」，是清末思想較早趨向激進革命的士人。他在蕉嶺、平遠兩縣，乃至嘉應五屬、潮汕都頗有名氣。

陳庭鳳的出名是由於一八九二年開始發生，後來震動很大的「鎮平教案」。事緣十九世紀末外國教會勢力在中土橫行、清廷毫無辦法，一味屈就。陳庭鳳對此非常不滿，有強烈的抵觸情緒。該年有教民受法國傳教士簡戴文唆使，私賣福嶺村義塚墓地給教會修教堂。此種事現在看來可能不是什麼大事，可在當時的世俗氛圍下，掘人祖墳，觸及面又如此廣，其惡萬倍於作奸犯科。陳庭鳳以舉人威望集村民奮力說理、抗爭。但簡戴文這些根本無視中華文化的教士則決意要建，料定官府也不敢惹他，不敢褫奪他使用該地的權利。於是在一八九四年霸王硬上弓，漏夜開始施工，激起村民強烈反抗。幾百名村民在陳庭鳳帶領下，一舉拆除所建圍牆等物。簡戴文於是向官府誣告陳庭鳳為匪首，「欲造反，謀攻縣城」。好在碰上在潮州執教的丘逢甲等仗義執言，此事才不了了之。可是簡戴文不甘失敗，籍洋教特權地位，唆使教民散布各種流言蜚語，不斷向官府誣告陳庭鳳「圖謀聚眾反叛」。情勢對陳庭鳳十分不利，陳庭鳳於是親到淡定村找丘逢甲，丘逢甲建議陳庭鳳先到平遠東石，我的曾祖母、他妹妹的家，找個安全地方暫避風頭。

可是到了一八九八年，與陳庭鳳曾有過節的朱懷新被任命為鎮平（即蕉嶺）新縣令，朱於是與戴狼狽為奸、正式誣告陳庭鳳「聚眾謀反」，朝廷不分青紅皂白褫奪了陳鳳庭的舉人頭銜，並對其「通緝在案」！

此事後來進一步發酵影響到丘逢甲，一九〇七年黃遵楷等擁清紳士在向朝廷要求查辦丘逢甲的《稟折》中，所羅列的「罪狀」就指丘逢甲與「戊戌倡亂於鎮平、尚在侯緝」的奏革舉人陳庭鳳「朋比為奸」，丘把陳「招匿在省丘氏書院，凡有機密悉與謀之」等等。

事實上陳庭鳳一八九六年反清意志已定，參加了孫中山領導的革命，組成地方反清組織「三點會」，自任盟主。丘逢甲對陳庭鳳十分同情、欽佩，曾贈陳庭鳳一詩，詩云：「只手回西日，都成志未申。相逢沐涕淚，吾道惜風塵。松菊娛今是，山林閟古春。祝君無別語，珍重待時身。」

丘逢甲還介紹其十八歲四弟瑞甲與陳庭鳳認識。陳庭鳳很賞識邱瑞甲，乃以其妹許配瑞甲。由於筆者曾祖母也是陳庭鳳妹妹，所以曾祖父與丘逢甲四弟瑞甲是「連襟」關係。這一親戚關係無疑奠定了後來祖父與丘逢甲的親密關係。（以上參考丘晨波著《丘瑞甲傳》）。

陳庭鳳後來在多方人士幫忙下，逃離梅州地區遠走南洋，但是約有三十多個跟隨陳庭鳳一起鬥爭過的人，他們被抓捕、房舍被毀，遭到慘重迫害。這就是當年著名的「鎮平教案」。陳庭鳳此後滯留南洋，積極參加孫中山的革命活動。

祖父在舅舅家受教育，舅舅的「經世之學」，不滿清朝腐敗無能統治，追求進步、為人處事秉持正直人格等必然影響祖父。同時祖父也必然會接觸到舅舅周圍如丘逢甲這樣的社會進步人士。這些進步人士關心國家、瞭解世界態勢、追求社會進步與改革的思想行為，對祖父都會造成影響。

太舅公也特別喜歡和賞識祖父，期望祖父最終能成「大器」。

（三）祖父年少持家

當年祖父的家庭狀況在農村屬於中等，祖父是長子又會唸書，深得父母疼愛，在客家地區，這樣的家庭當然不會讓他幹農活，所以少年時無憂無慮。不幸當祖父十六歲那年，其父奏臚公去世，第二年曾祖母陳太夫人也隨之過身，而祖母謝氏又在該年育下長子公頓。此外奏臚公留給祖父的還有三個弟弟兩個妹妹。面對一個初顯興旺、如此龐大家庭的急遽突變，面對這個大攤子，十六、七歲的祖父突然感到自己責任重大，自己好像突然長大了，從過去對家事的懶散一下振作起來並鼓起勇氣挑起這個重擔。

祖父年輕治家就老成持重，他特別重視以孝為本，公平友愛。自己做出好榜樣，杜絕自己及家人一切不良嗜好，不受賄、不貪汙、不嫖賭吹。祖父以此作為帶動全家上下和睦相處、共同奮鬥的根本原則，把一個人口眾多的大家庭治理得整整有條。家庭的興旺使鄉親們對他都很佩服尊敬，大小事多喜歡找他商量斟酌然後才去做，有乃父奏臚公之風。所以祖父從年輕時起，就慢慢把自己鍛鍊成了一個善於籌謀策劃、指揮有序的幹練之才。

（四）祖父的人格特點

祖父雖然只是偏僻山村一個普通讀書人，但出於對國家民族自發的熱愛，使他對清朝末年腐敗無能、日漸為世界潮流拋棄、為列強欺壓的形勢看得一清二楚。認為中國大地「西風東漸，國是日非，有識之士知非改革不足以圖存」！他的思想能跟上那個時代先進的潮流，正是這樣，祖父積極投身於當時社會改革的大潮流中。

祖父為人特別輕財重義，最明顯的表現就是在上面所述的「鎮平教案」時。祖父才十六七歲，又值父母相繼離去，家中蒙受巨大變故，在困難重重中接管一個大家庭，好不容易穩定下來。想不到舅舅陳庭鳳出了大事，因「教案被累，家人星散多所株連」，連帶舅舅所收的徒弟全都「械繫縣獄中」，被抓到縣裡坐牢。年輕的祖父，「以戚友故，奔走呼號，傾家營救，不足則借貸以助之」。祖父經此一禍，本來完全可以自給的家庭，忽然經濟拮據，但祖父毫無怨言，教誨家人這都是應盡的義行。並收拾全家心情，帶領全家在困難中再次恢復。因此祖父「重義輕財」被廣為傳開，在鄉民中留下了良好的聲譽。被認為是縣裡有數幾個品德才學俱佳人士。這也客觀上為他以後進入清末民初的廣東政治活動圈子奠定了基礎。

總的來說祖父出生在清朝與民國交替時代，由於受曾祖父及舅舅的教育，使他具有了中華文化優良內涵，而始自陳鳳婷太舅公的影響，及以後參加社會變革的實踐，也使他初步瞭解西方一些先進文化。因此他有中國千年專制社會老式知識分子的正直氣節，又有推翻清朝改革社會，新進知識分子的訴求。

（五）祖父在教育事業上的貢獻

祖父一生熱愛教育事業，投身於當時教育大改革之中。清末廢科舉興新學，光緒三十一年（一九〇五）兩廣總督岑春煊設立兩廣學務處，內有練習所師範館。廣東省平遠縣與全省各縣一樣，由官紳合選才識明達的兩位才俊前去參加培訓，以便學成回來經辦新型學校推廣新學。這在當時國家的現代化改革是個階段性重大措施。平遠縣被選中的這倆人，其中一位就是祖父林商翼，另一位是民國交通部長曾養甫的父親曾昭鑒（字玉如；一八六七—一九二二）他們兩都是秀才身分而又都是平遠縣東石鄉（不同村）的居民。

曾昭鑒與祖父林商翼於一九〇六年在廣州師範館受訓卒業，他們更馬上返回平遠，並立即著手積極開展平遠縣新式教育。林、曾倆人在縣治仁居舉辦速成師範傳習所，利用原有老式教育處所「學宮、明倫堂、考棚」等修葺為所舍，同年冬已經辦兩屆十四人畢業。

光緒三十四年（一九〇八年）祖父與曾昭鑒在平遠籌辦建立新式學校。那時社會風氣保守，尤其在一個遠離文明中心的山區縣治，廢除千年來已深深扎根民間的科舉制度，對那些一直夢想通過科舉進入仕途的廣大小知識分子，對他們的家族和與他們關係較深的地方官僚是不理解，因而不積極，有疑慮、採取觀望甚至怠慢態度的。面對這種情況，祖父與曾先生不為困境所礙，他們「披荊斬刺，不避艱危」，籌經費、立章則，先後辦成了二等義方小學堂、縣立中學堂（現在的平原中學）、高等鐵民小學堂。平遠中學堂是在次年即光緒三十三（一九〇七）年奏准立案正式成立。

平遠是客家地區，畢竟有重視教育的傳統，但平遠地處貧瘠山區，經費有限，為此祖父向縣政府提議把上繳政府，年收入可觀的東石圩屠牛稅轉用於辦學，得到政府同意，這大大減少了辦學經費壓力。據曾任鐵民中學校長的林錦敏回憶，僅此項稅收按縣比例分配所得就能支付該校二十多名員工工資的一半。後來祖父又向政府申請牛皮捐也撥入辦學之用，也得到批准，這些固定收入使原來的學堂不斷鞏固和發展，鐵民學堂最後成為一間中學。此後平遠全縣各鄉爭相效仿，並發展到屠豬、屠羊的稅收，甚至墟日檔位租金的稅收都歸學校經費。自此與學校所擁田地租金利息成了平遠學校經費的兩大支柱。

所以祖父的這項提議是開拓性的，他努力催生新生事物的行為，是那個時代標準的熱血「革命青年」。一個最不富裕的山區嘉應五屬之一的平遠縣，無論城鄉都有「挾書囊」風氣。至今中小學教育熱氣騰騰、蒸蒸日上，培養了諸多傑出人才，都與祖父等「平遠教育四先賢」當年打下的基礎分不開！在開拓平遠縣現代教育事業方面祖父功不可沒。

作為一個傑出的教育工作者，祖父還具有很好的洞察力和遠見，善於發現人才。下面就是一個例子：祖父與曾昭鑒都是平遠東石人，在清末廢科舉興新學，這一近代中國教育改革歷史里程碑時期，他倆戮力合作，在縣裡取得了彪炳成績，被譽為「平遠教育先賢四傑」中的兩位。祖父與昭鑒世伯公在共同為教育改革的工作中建立了密切關係，成了莫逆之交。然而昭鑒生於同治六年（一八六七）祖父生於光緒七年（一八七七）昭鑒足足比祖父大十歲。雖然年歲相差不少，但畢竟已是同學及同事，居住地方又相隔甚近，互相常有往來。某日祖父帶著長子公頓前去拜訪曾昭鑒，昭鑒特別把他十分疼愛的二子曾憲浩引到堂前，一方面拜見一下魯傳叔叔，一方面陪伴前來的公頓小弟玩玩。憲浩生於一八九八年，祖父一八九九年得子公頓，公頓僅比憲浩小一歲。祖父在堂前第一次見到憲浩，就覺得憲浩氣質不凡，十分讚賞其聰敏，於是發生了如下的故事：

……曾養甫幼年時叫作曾憲浩，在東石鄉義方小學讀書，成績出類撥萃。七歲那年，曾憲浩向父親提出，不想再接受學校的獎學金。他鄭重其事地向父親解釋：「兒子一心向學，無愧於天地父母。只是學校獎學金由曾氏興學會所設，而父親又是會長，兒子屢得獎金，惟恐外人生出嫌疑。」曾玉如撫案而歎，沒料到兒子年歲雖小，卻頗有心思。他安撫兒子說：「古人舉賢不避親，我兒用功鄉里皆知，不必狐疑。」曾憲浩依然爭辯，曾玉如遂免去了他的獎學金。曾憲浩避嫌的故事一時傳為佳話。同鄉好友林商翼到曾家做客時，對曾玉如說：「此子才氣，如南宋陳同甫之風，宜加涵養，以期有成。」從此養甫作為曾憲浩的字。」

——見《南都廣州》《市長篇‧曾養甫》宦海生涯：「成也廣州，敗也廣州」

養甫與先父青少年時期一起接受教育，同校、同班，曾經共坐一桌。後來先父就讀北大，養甫到天津國立北洋大學就讀礦冶系，一九二三年畢業後前往美國匹茲堡大學得碩士學位，一九二五年回國。曾養甫先生後來成了民國政壇頗有成就的一位名人。在廣東、浙江以及國民黨中央都做過官。在浙江省建設廳長任內主持修建浙贛鐵路，大膽提出興建著名的錢塘江大橋，浙江人民至今不忘曾先生，在現今錢塘江大橋上刻有石碑專門紀念曾養甫。抗戰期間更是貢獻良多，一九四二年任交通部長兼軍事工程委員會主委，為打破倭寇的封鎖，曾養甫在極其艱難情況下，督辦滇緬公路修建，並大力支持雲南省鐵路督辦杜鎮遠先生修建滇緬鐵路，以抗倭寇而名留史冊。

（六）祖父和丘逢甲的密切關係

丘逢甲（一八六四年—一九一二年），人稱滄海先生，生於臺灣淡水廳銅鑼灣（今苗栗縣銅鑼灣竹森村）。光緒十五年進士。曾參與臺灣民主國抗日運動，失敗逃回原籍廣東蕉嶺，力倡教育救國圖存，後來在推翻清朝、建立民國等重大歷史事件中都做過貢獻，是現代史具有相當地位的先賢，丘逢甲還是出色的詩人。

上面敘述祖父與舅舅陳庭鳳時知道，曾祖父與丘逢甲四弟是連襟。而丘逢甲又許配自己大女兒丘淡給祖父三弟林震，可見林家、陳家、丘家有包括姻親在內的密切關係。

這三家不但有姻親關係，而且從陳庭鳳因《鎮平教案》面臨困境時，得丘逢甲指點去祖父家暫避，說明陳、丘、林之間友誼非同一般，他們有共同的政治理念。丘逢甲是祖父的師長、摯友，備受祖父尊崇。丘也十分欣賞祖父的才幹及為人，丘逢甲曾為祖父贈詩：「平陽石窟兩廬連，屈指聞名十載前。逆旅相逢如就好，高風不愧繼莆仙。」讚揚祖父（注：莆仙是傳說中與梅為妻、以鶴為子的林和靖）。

陳庭鳳比丘逢甲大九歲，丘逢甲比祖父大十八歲，陳、丘屬於我曾祖父一輩，祖父及他周圍有革命意志如祖父三弟林震，同縣的姚雨平、大浦的鄒魯等嶺東同文學校的許多年輕人屬於晚輩。但他們的為人及思想理念都比較相似，都有反對滿清恢復中華、追求社會改革的強烈訴求。祖父與他的同輩好友當然崇敬進士出身、有豐富閱歷的丘逢甲，反過來丘逢甲對祖父等周圍的這些青年也喜愛有加、悉心指點教導、傳授經驗同時多方幫助、提攜。

林家在平遠東石，舅太公陳家在蕉嶺新鋪圩福嶺村，丘逢甲家則在蕉嶺文福鎮淡定村。在地圖上看，這橫跨平遠與蕉嶺兩縣的三個點，幾乎組成一個等邊三角形，邊長大概在四十華裡左右。這種距離即使在當時的交通條件下，也不會阻礙志同道合又有親戚關係的三個人之間的頻繁來往與交流。

丘逢甲對祖父的信任和提攜，首先見於宣統元年，丘逢甲任廣東教育總會會長，兼任兩廣方言學校和廣府中學（即現在的廣雅中學）監督（校長），丘逢甲特別邀請他認為學識為人品道德教養俱佳，被譽為平遠教育先賢四傑之一的祖父，出任兩廣方言學校及廣府中學校學監（即教導主任）。後來祖父因回平遠開拓新式教育、籌辦學堂而辭去該職。

民國初立，一九一一年武昌起義成功，革命形勢發展迅速，逼切需要成立一個統一的中央政府，十一月下旬獨立各省推派代表前往南京，商討成立中央政府以及選舉大總統事宜。丘逢甲作為全粵三個代表之一北上與會，丘逢甲「唸知先生（指祖父）奇才」，特聘祖父為他前往南京團隊的參贊。而祖父沒有辜負丘逢甲先生的期望，「於建國方略多所劈畫」，但是祖父的性格不邀功自誇，所以「因不自為人道，而人亦遂莫知之也」。就是說祖父對建國方針政策，具體做法計畫是有他一套「方略」的。丘逢甲所做的許多事乃採納祖父的意見。但祖父並不因此顯示自己，人們因此也不知道祖父做了很多實質工作。

（七）維護平遠礦產資源

平遠有比較豐富的鐵礦和稀土礦，早為日寇覬覦，民國初期一九一三年，袁世凱對日政策軟弱，在日本人示意下，袁世凱委派的廣東都督龍濟光準備把平遠鳳髻山鐵礦「租」給小日本開採。此一「租」意味著什麼，不言而喻。時祖父是粵省議會代表平遠的代議士，知道後更會同姚雨平等旅居廣州的平遠同鄉，奔走呼號，又聯絡各縣議員，呈請省議會表達強烈抗議，多次爭議後龍濟光知道眾議難犯，迫於無奈取消該議。祖父為維護國家資源竭盡全力的舉動，得到了鄉親的交口稱讚。

（八）有責任和擔當的省議員

宣統二年（一九一〇），清朝為改革政制，命各省成立「諮議局」，祖父被推選為平遠縣議員。次年辛亥革命成功，隨之一九一二年廣東成立臨時省議會，議員改稱「代議士」，每縣選派一名，由各縣旅省城法團選出，祖父再次被選為平遠縣代議士。

祖父當議員「居議席雅不可為囂囂之論，然持正義守廉節則錚錚不可犯，」沒有口若懸河般的空話，但在履行監督作用的關鍵時候則大義凜然，脫眾而出，捍衛民眾利益。曾轟動粵省的一次是反對「廢止禁止賭博」議案一事。

民國六年陳炳焜做廣東督軍，省政府為籌措軍費，威逼和賄賂議員投票通過「廢止禁止賭博」

議案。因為「恐其阻格乃陰使人脅議員曰，贊成者賞以重金官以要職，反對者將籍事汨陷之理或且至之死，議員怵以威誘以利皆惕伏，先生獨連絡同志三十五人，奮袂抗爭，有私諷之者，先生憤然曰：「縱天下人皆失節，吾決不失節，亦正為天下人皆失節，尤不可不有人不失節，留人類以正氣！」嗚呼！這句現在聽來依然慟天地、泣鬼神、鏗鏘有力正氣凜然的話，誰想到是出自民初一位普通士紳的林商翼之口呢？為民做好事，威逼利誘前不動，在當時屬空前，在當今恐怕就已絕後了。

在祖父林商翼與其他正派議員的反對下，否決了危害百姓的「廢止禁止賭博」議案，此事轟動廣東政壇，獲得社會一致好評。也正是由於祖父「其操行之卓絕類如此，所以周旋末世垂三十年以能巍然自樹負鄉裡之重望者良有以也。」

民國七年（一九一八年）粵省改選新一屆議員，祖父僅選為候補。但到了民國九年（一九二〇年），因有議員被開除，祖父於是補上。為什麼會有這一過程呢？眾所周知民國建立後，政壇可能比前清更不安寧，在民國名下各派鬥爭極為紛亂，南粵政壇也不例外。粵、桂及北洋各派軍閥在南粵爭鬥甚烈，民七年支持孫中山的陳炯明去了福建（史稱援閩粵軍）對抗企圖從福建再打廣東的北洋軍，老桂系陸榮廷趁機出兵控制了廣東。是年冬季粵省議會改選，本來就有不少道貌岸然者覬覦，更加上桂系的因素，因此大量並非出自監督當局，為民請命者，而是深曉議員地位高貴，可利用這一高貴身分達到私利的政客也出來競逐。他們挖空心思各出奇謀，火爆爭奪，有權勢者則賣官鬻爵，使選舉變得骯髒不堪。祖父的為人怎會適應這種氛圍，他寧可不當議員也不屑趨炎附勢。為了保持一貫名節以防自污，他雖然參選但乾脆任由自然發展，只是祖父清廉正直名聲在外，所以有權勢者也不好貿然棄之，就給了祖父一個後補名額。到了民國九年（一九二〇年）廣東政壇發生政變，陸榮廷撤出廣東，陳炯明重回粵省。陳炯明是祖父三弟，也就是我三叔公林震將軍的同窗，對祖父的為人是瞭解的。所以在開除了陸榮廷時期的一些議員後，祖父才順理成章地補正。

（九）祖父的去世

前曾提及，祖父有三個弟弟，二弟是個對外面世界不太關心，而專注於中醫的人，四弟傳說精神不太正常。唯有三弟林震（字叔慧）從小聰敏異常，上進心強、有抱負。是丘逢甲的乘龍快婿，對民國的建立立有大功。二十七歲因戰功被孫中山任為中將。三叔公比祖父小九歲，他最聽祖父的意見，祖父與三弟之間也親密無間、無所不談，是最貼心的兄弟。可惜天忌良才，三叔公因疾英年早逝，去世時年僅三十有九，這時祖父正在廣州醫治經常發作的肝病和胃病，噩耗傳來猶如晴天霹靂，極大地打擊祖父。據族譜記載：「愛弟叔慧中將疾作，先生友愛之情，左右周旋，不暇自顧。及叔慧亡加以悲悼，病益劇猶力疾扶柩回裡。」以至喪事剛辦完，祖父也隨之病逝。

祖父離世已近百年，作為他最小的孫子我都已經年過七十了，但是以前不但對祖父瞭解極少，甚至連祖父的名字都不知道，近年尋找到一些有關祖父的資料，越瞭解越覺得祖父的為人實在值得敬佩。祖父生長在清朝民國交替時代，作為一個讀書人，祖父熱愛中華，尤其學習到了中華文化傳統中所傳遞的優良的修身齊家精粹，祖父的生命雖然比較短促，但是祖父一生除了為教育事業鞠躬盡瘁，更堅持了一個正派士大夫應具的節氣。雖然這種節氣在那個時代處於式微，然而他卻堅強地試圖堅持這種在任何時代都不易堅持的節氣，就我個人來說是根本望塵莫及的！

祖父最令人感動、敬佩和不能忘懷的是，他在省議會因拒絕賄賂、反對開賭而被那些為名利可喪失人格、隨波逐流者訕笑時，那鏗鏘有力震撼心坎的回擊：

縱天下人皆失節，吾決不失節，亦正為天下人皆失節，尤不可不有人不失節，留人類以正氣。

人生一世能夠說出一段這樣閃亮的話，足以！敢問今天中國政壇有誰會想得出這句話，即使有人想得出，又有誰敢公開表達這種嫉惡如仇驚天動地的話！如有的話中國貪汙腐敗的驚天大案也就不會那麼多了。

三 促進歷史發展的固、宿、徐之役——紀念林震將軍

（一）林震將軍指揮所部參與民初北伐促使清帝退位的歷史

曾祖父奏臚公共有四子，祖父魯傳為長，二叔公潛心中醫，四叔公據說精神有點問題。三叔公林震比祖父小九歲，然而祖父與三叔公他倆思維、做事最相合，三叔公也最聽祖父的話，因此感情也最深。想不到的是三叔公英年早逝，逝世時年僅三十九，因此三叔公的《傳》是祖父親筆撰寫。祖父送走三叔公，為其立《傳》後因難以節哀、悲傷至極也隨之乘鶴而去。

祖父為三叔公所立的傳，早前已從臺灣鄉親得到，在提及三叔公一生最輝煌的民初北伐一事上，傳中寫道：

> 會武漢舉義，弟乃與姚君雨平、馬君貢方等組織北伐，未一月即成軍。師次江寧，適張勳挾北洋第五鎮南下，人情洶懼，弟親提一旅，慷慨渡江，一戰於固鎮，再戰於宿州，三戰於徐州，所向克捷，淮徐底定。

對於這段歷史，小時在大陸生活期間，也聽姑姑講述過。姑姑林瑋是魯傳親生，後因叔公、叔婆兩個兒子沒有女兒，他們希望有個活潑可愛的小女孩所以就過繼給三叔公了，因此姑姑常會提及民國時期祖父、三叔公參加辛亥革命的情況。

話說當年到香港自由世界，自己經濟活動能力不很強，為自立當然要把精力主要放在「搵食」上。不過像我輩這樣歷經文革的人，腦子裡放的東西總還是非經濟性的多，因此對姑姑講過民國時期祖輩參加辛亥革命的情況，究竟是怎麼回事，一直有探索的興趣。尤其覺得家族先輩參與的事，也不是小事！應該有一些歷史的記載吧。對這點我很有信心，覺得香港這個諮詢自由發達的地方，只要有時間耐心尋找，應能找到一些書籍或其他什麼資料會涉及這些事情，如果這樣就可以更客觀詳細解答我的疑問了。

一九八四年初春一個中午，我從香港靠近西環的皇后大道中寫字樓下來午餐，之後走進就近一家臺灣書店，這是我最有興趣駐足的地方。也許是上天不負有心人，就在那天中午短短的幾十分鐘，我突然發現在中間一張桌子上，有一疊深棗紅色精裝硬皮書，名為《革命人物誌》，一看有好幾冊，是臺灣出，我似乎感到可能會「有料到！」果然其中第十七集，打開一一六頁，是國民黨元老，著名「西山會議派」主要人物、中山大學第一任校長鄒魯為叔公林震將軍撰寫的《林中將震墓表》。我想當中可能會有對叔公「蓋棺定論」式的評論？而且表文寫於一九二四年，會比較實際！打開詳看果然如此，不過等我看完內容早已過了回寫字樓時間，於是匆匆離去而沒來得及買。第二天回去，就是這第十七集卻沒了，我急得生怕買不到。想了一下，我決定從其他集後頁把出書公司地址抄下來，直接向臺灣去信求購。結果臺灣出版社很快給我寄來了這個第十七集。

究竟此書如何記載叔公這段歷史呢？在拙文第一章已有引錄，下面不妨再錄：「辛亥武昌起義。清廷起用袁世凱，以馮國璋統一軍由京漢鐵路南下，漢口、漢陽、相繼失守，張勳負固徐州，與北洋第五鎮將沿津浦路直攻南京，民國之勢至岌岌也。卒因固鎮、宿州連捷，張勳敗棄徐州，和議告成，民國統一，此兩役所關，固不大哉。而為此兩役主幹之軍隊，則廣東北伐軍。而為廣東北伐軍之主幹將領，則中將林公。」這與祖父給三叔公所做的《傳》主要內容是一致的。我還特別解析：「所謂主幹將領是指直接參與前方戰鬥的前敵總指揮林震加上他的參謀長李濟深（後中華人民共和國主席）高級參謀張文（後國民黨革命委員會領導人），而總司令姚雨平當時坐鎮南京。」

因事涉三叔公三十九歲短暫一生最輝煌的事，這段歷史不但對他自己人生有意義，對國家民族有意義，對我們這些他的後輩們學習他，教育自己就更有意義了。因此我們後輩以前對此不瞭解，現在做一點詳細瞭解是應該的。僅憑祖父立的《傳》、鄒魯的墓誌，對叔公這段意義不小的歷史記載顯然內容略顯簡單，作為後人如寫文紀念，又僅用叔公老友兼同事鄒魯以及感情最好長兄的資料也單薄一點。何況在我看到的許多近代出的有關書籍，包括《廣東歷史》，對這次北伐的記載都比較簡單，而且關鍵人員都是李濟深或姚雨平，不提林震，這顯然有偏頗。為此我曾幾次有過衝動，想要給編寫《廣東歷史》諸公去一封信！因為我手頭有足夠實際資料能充分說明林震在民初這次北伐中的「主幹」作用是何意思。

胡適說過：「歷史不是一個任人打扮的小姑娘」，又說「科學精神在於尋求事實，尋求真理」。所以「追尋」更詳細資料是必要的，以免有人對這段歷史，不知情者疑惑，知情者婉轉地篡改。

我的好友陳嘉鯤先生他的父親陳錫祺教授，是中山大學前歷史系教授，也是陳寅恪先生朋友，號稱中山先生研究權威。我曾請嘉琨就此段歷史詢問其父，答覆是：「有這樣的事！」但實際情況如何不是一兩句話說得清。陳錫祺教授那時年事已高，於是我只能繼續自己尋找，最後在《徐州史志》中查到由王沛先生撰寫的《辛亥時期進駐徐州的三支北伐隊伍》一文，此文對該次戰役的記述已基本滿足要求了，用以糾正《廣東歷史》之寫法充分有餘。

為了讓有心人、尤其族內人比較詳細瞭解叔公此段歷史過程，我把該文全部附錄於下：

(二) 固、宿、徐一役的詳情

——錄自王沛《辛亥時期進駐徐州的三支北伐隊伍》

一九一二年二月中旬（有二月十一、十四、十五、十七日等不同說法），辛亥革命徐州光復。當時，至少有四支部隊從南京北伐，連克固鎮、宿州並佔領徐州。徐州光復直接促成了南北議和，清帝退位。根據和平協定，北伐半途而廢，各軍在徐裹足不前，導致一年半以後（一九一三年七月）討袁二次革命的失敗。也許正是這個原因，留傳下來的辛亥北伐記載非常有限、模糊。

1. 進駐徐州的三支北伐隊伍情況

一九一一年十月辛亥革命爆發，十二月革命軍佔領南京，清朝江南水師提督張勳退守徐州。這時，南北雙方舉行談判，達成由袁世凱來推翻清室、孫中山把總統讓給袁世凱的共識。但雙方的前線將士都不買這個帳，一心想徹底打敗對方。袁懼怕南方北伐，故武裝張勳，讓其守住徐州。但張勳卻忠於清室，擅自引兵南下破壞和談。南方代表當即提出抗議。袁亦指責張勳破壞和平，視其為匪類，稱南北可共同討伐。南方將士抓住這個機會，大舉出兵北伐。孫原定北伐以佔領宿州、確保南京安全為止，其餘可在談判桌上完成。但北伐軍卻趁勢奪得徐州。袁見事態嚴重，通過逼宮促成清帝退位。當時至少有浦（鎮）軍、粵軍、淮軍、浙軍四支北伐隊伍，他們由蚌埠出征，連克固鎮、宿州。張勳被迫求和，雙方在符離集車站舉行談判未果，北伐軍進攻徐州。徐州同盟會會員崔道平等打入張勳部隊策動兵變，裡應外合，張勳未敢抵抗，倉皇敗走，北伐軍追至蘇魯邊界韓莊。由於朱端的浙軍是後援部隊，沒有趕到徐州，故本文只敘述浦（鎮）軍、粵軍、淮軍三支隊伍。

浦（鎮）軍

浦（鎮）軍曾經是進攻南京的主力。該軍北伐的路線是**右路**——從揚州沿運河北上，但在進攻固鎮、宿州時，浦軍、鎮軍移至津浦鐵路沿線，與粵軍協同作戰。根據回憶文章，二月十三日，浦（鎮）軍前哨部隊方振武先於北伐各軍到達徐州以南三堡車站，在徐州民眾代表韓志正、王銳生的引導下率先進駐徐州，並追至蘇魯邊界韓莊。南北議和、清帝退位後，浦（鎮）軍停止軍事行動，駐徐州道台衙門，由葛應龍任徐州衛戍司令。

浦（鎮）軍的主要首領有柏文蔚、林逑慶、鄭為成、葛應龍。柏文蔚是安徽壽縣人，時任北伐聯軍總司令；林逑慶是福建閩侯人，時任聯軍副總司令兼臨淮關總司令。他們都是同盟會元老，也都反對在南北議和後停止軍事行動，認為不如趁勝攻至黃河以北，城下之盟才能在談判桌上爭取主動權。林逑慶因得不到後方糧餉軍火補給憤而辭職。柏文蔚回南京當面質問孫中山：「苟且以和，吾恐不及兩年，袁氏反手，革命黨人亦無立足之地」。孫答：「大眾皆願講和，吾豈能要大家犧牲，為吾一人爭總統耶！」鄭為成是河北人，時任浦（鎮）軍第一混成旅旅長；葛應龍是湖南嶽陽人，時任浦（鎮）軍團長，兩人都參加過進攻南京的戰鬥。當浙軍司令朱端認為佔領宿州後無前進必要時，鄭為成認為張勳尚在徐州，不能保其不死灰復燃，且徐州為南北咽喉，臥榻之旁豈容他人鼾睡？於是決定浦（鎮）軍為前鋒，粵軍為後援，淮軍為側翼，一同向徐州開進。方振武是安徽壽縣人，時任浦（鎮）軍前哨司令，也是二月十五日凌晨打進徐州的第一人，後成為抗戰名將，是香港前任政務司長陳方安生的祖父。

粵軍

一九一一年十一月廣州光復後，在廣東軍政府教育部長、著名愛國詩人丘逢甲（臺灣苗栗人，日本占台後內渡）的倡議下，軍政府組建了一支八〇〇〇人的隊伍，乘船北上上海，參與了進攻南京的戰鬥。十二月南京光復後，粵軍積極訓練，成為北伐**各軍中的精銳**。一九一二年元月，**粵軍北伐的路線是中路**——沿津浦鐵路北上，在蚌埠車站建立司令部，連克固鎮、宿州、徐州，並追至蘇魯邊界韓莊。南北議和、清帝退位後，粵軍停止軍事行動，駐徐州傳薪閣（今市立醫院，當時是火神廟）。

粵軍的主要首領有姚雨平、林震、張文、李濟深、葉楚傖、鄒魯等。姚雨平、林震都是廣東梅州平遠人，姚雨平是丘逢甲的得意門生，同盟會元老，參加過黃花崗起義，任粵軍總司令；**林震是丘逢甲的乘龍快婿，任前敵總指揮，在宿州戰役中重創張勳部隊，奪清軍黑龍旗，獲金質勳章。**（這個金質勳章後由林震長子林士諤保存，文革浩劫時士諤是北京航空學院教授，因怕紅衛兵抄家時發現該章而獲罪，遂以鐵錘擊成碎片包裹放於衣袋內企圖帶出校園丟棄，誰知反被紅衛兵發現，為此還受到額外嚴厲懲處——筆者注）。林震的姐姐林演存日本留學回國後，組成女子紅十字軍參加了北伐，做軍醫工作。張文（廣東梅縣人）和李濟深（廣西蒼梧人）任參謀長（解放後，張文任廣東省副省長，李濟森任國家副主席）。南社成員葉楚傖（江蘇蘇州人）任秘書長，鄒魯（廣東大埔人）為兵站總監。粵軍中下級軍官中有大量的客家人，驍勇善戰，還有不少是南洋的華僑子弟，主動回國參與北伐。粵軍對佔領宿州後是否繼續北伐無成見，後參與了佔領徐州之戰。

淮軍

淮軍也叫淮泗軍，是三支北伐隊伍中唯一由北方人組建的部隊，主要由客居南方的山東、皖北人組成。淮泗軍也參加了進攻南京的戰鬥，該軍北伐的路線是**左路**——從正陽關、濉溪、蕭縣北上，但在進攻宿州時，淮泗軍移至津浦鐵路沿線，與粵軍、浦軍和鎮軍協同作戰，佔領徐州並追至蘇魯邊界韓莊。南北議和、清帝退位後，淮泗軍停止軍事行動，駐徐州雲龍山上的雲龍書院。

淮泗軍的主要首領是陳幹，山東昌邑人，同盟會元老，一戰後參與了讓日本歸還青島、英國歸還威海的國際談判，終於使兩地順利回歸祖國。南京光復後，陳幹向孫中山進言：「欲保長江，必進攻兩淮，欲保兩淮，必佔領徐州，欲定中原，須下山東，斷不宜苟且偷安，以蕞爾金陵為萬世之業。」遂組織淮泗軍北伐。陳幹也是堅定地反對停止軍事行動的人，不僅是因為趁勝進攻才能防止功虧一簣，而且因為已經打到了家門口——蘇魯邊界韓莊，這時終止軍事行動，對這些朝思暮想打回老家的遊子來說，實在是太無情了。於是陳幹憤然寫下《渡淮》詩：淮水泛天際，將軍脫戰衣，兩河父老在，望斷漢家旗。淮泗軍還有一位女將楊紫霞，安徽宿州人，曾參與杭州、南京之戰。北伐停戰後不久，她與陳幹在徐州結成伉儷，成為革命軍中的一段佳話。

2. 三支隊伍的不同結局

南北議和後，北方由北洋軍控制，南方仍由革命軍控制，徐州以北利國、韓莊之間的大運河，成為南北兩軍的分界線，兩軍各守防區，互不侵犯，國家表面上實現統一。一九一二年四月，孫中山將大總統之職讓給袁世凱之後，由黃興出任南京留守，按照袁世凱的要求，組織了南方各省的裁軍計畫。當時，人們都認為國家和平統一，沒有必要再維持龐大的軍隊；革命隊伍中盛行著功成身退思想，或熱衷於通過議會選舉重新掌權，對時局過於樂觀，放鬆警惕。正是在這一背景下，進駐徐州的三支北伐勁旅遭到了解散與削弱。

粵軍進駐徐州後，混成旅擴編為師，林震任師長，李濟森任參謀長。由於粵軍多是兩廣、南洋人，廣州出征時還是南國晚秋，到徐州後已是北國隆冬，衣著單薄，水土不服，許多人病倒了，於是在開春後南下復員返鄉，陣亡將士的遺骨都安葬在南京莫愁湖畔，並建起一個紀念碑，上刻孫中山題寫的「建國成仁」四字。

浦（鎮）軍進駐徐州後，第一混成旅與淮安張性、許天爵等擴編為第九師，由鄭為成任師長，駐防徐州各縣。六月，黃興辭職後，程德全任江蘇督軍，將第九師改為第三師，由冷遹（江蘇鎮江人，同盟會元老，解放後任江蘇省副省長）來徐任師長。第三師的主要職責是收編地方起義軍或土匪。後來的奉系將領張宗昌、褚玉璞，國民黨將領顧祝同、韓德勤，當時都是冷遹的部下，褚玉璞還是從微山湖土匪中招安來的。史載冷遹接防徐州後，紀律嚴明，綏靖地方，戰爭瘡傷得以恢復，徐州百姓蘇息一年。

淮軍改編為第三九混成旅，由陳幹任旅長。程德全任江蘇督軍後，將第三九混成旅劃撥給山東，山東督軍周自齊不收，遂致該旅無所隸屬，餉糧無著。加之袁世凱以國庫如洗為由，扣發軍餉，南方軍人紛紛「鬧餉」，或向地方攤派稅收。陳幹不願增加百姓負擔，只有自謀生路——拆了駐地雲龍書院賣錢發餉。到了一九一二年冬天，雲龍書院拆完了，軍費開支又成了大問題，陳幹只有選擇解甲歸田，袁世凱為此付給該旅二十五萬元的資遣費。陳幹發表《告誡將士書》，希望全旅將士「各盡本分，始終如一，保全本旅名譽，勿交匪類，勿作殆謀」。陳幹走後，徐州駐軍僅剩下了冷遹的第三師。

與此同時，在南京、徐州諸戰大敗後逃到山東兗州的張勳，在其恩師徐世昌的勸說下，以中央撥餉為交換條件，勉強歸順袁世凱。在袁的支持下，通過不斷擴軍備戰，到了第二年，已經是兵強馬壯，今非昔比，軍事力量的天平明顯地向北方傾斜了。張勳對南方的革命隊伍十分仇視，伺機反撲，以雪戰敗之恥。

一九一三年春，在國會選舉中大獲全勝的宋教仁不幸被害，南北關係驟然緊張。七月，黃興到南京組織討袁二次革命。南北戰爭在湖口、上海、徐州三地爆發了。徐州地處最北端，肩負著屏障南京的重任。面對張勳大兵壓境，只有冷遹第三師的有限兵力能夠投入戰鬥。雙方在蘇魯邊界韓莊、利國之間大戰五天五夜，袁世凱調馮國璋的拱衛軍增援，黃興亦調南京第八師劉建蕃增援。由於駐揚州的徐寶珍第四師叛變進攻南京，黃興急電劉建蕃回守六合，加之張宗昌、褚玉璞臨陣倒戈，冷遹終因寡不敵眾被迫南撤，徐州、南京均復落入張勳之手，孫中山、黃興被迫流亡日本。

（三）評王沛一文

看了上面王沛一文，的確讓我們比較清楚地瞭解到這次時間在一九一二年一、二、三月間，地點在固鎮、宿州、徐州的北伐的整個概況。其引起的原因，孫中山的原意，為什麼打到徐州即停止，參加的四支軍隊為浦（鎮）軍、粵軍、淮軍和浙軍（未參與打徐州），聯軍是有正、副總司令的，他們是來自浦（鎮）軍的首領柏文蔚為正，林述慶為副。各軍起的作用，在民眾中的印象，以及最終促成南北議和，清帝退位的效果。還有就是後來各軍的結局和引起一九一三年七月討袁二次革命的緣由。

文章也讓我們看到粵軍是**「中路」**，最為勇猛、紀律嚴明，的確起了主幹作用。因為：「粵軍北伐的路線是中路——沿津浦鐵路北上，……連克固鎮、宿州、徐州，並追至蘇魯邊界韓莊。」「林震……任前敵總指揮，在宿州戰役中重創張勳部隊，奪清軍黑龍旗，獲金質勳章。」「林震的妹妹林演存日本留學回國後，組成女子紅十字軍參加了北伐，做軍醫工作。」

其次是**「右路」**浦（鎮）軍：「該軍北伐的路線是右路——從揚州沿運河北上，但在進攻固鎮、宿州時，浦軍、鎮軍移至津浦鐵路沿線，與粵軍協同作戰」

以及**「左路」**淮軍：「它的「路線是左路——從正陽關、濉溪、蕭縣北上，但在進攻宿州時，淮泗軍移至津浦鐵路沿線，與粵軍、浦軍和鎮軍協同作戰，佔領徐州並追至蘇魯邊界韓莊。」

我們發現：「二月十三日，浦（鎮）軍前哨部隊方振武先於北伐各軍到達徐州以南三堡車站，在徐州民眾……引導下率先進駐徐州，並追至蘇魯邊界韓莊。……方振武是安徽壽縣人，時任浦

（鎮）軍前哨司令，也是二月十五日凌晨打進徐州的第一人，後成為抗戰名將，是香港前任政務司長陳方安生的祖父。」

可見方振武在浦軍的職務（前哨司令）應與三叔公在粵軍的職務（敵前總指揮）相似，都是第一線的指揮官，所以推斷（差點當上香港第二任行政長官的）陳方安生祖父方振武與林震之間相熟是合理的。

在〈奏臚公及其名下值得稱頌的四男兩女〉一文中，筆者曾說：「無疑，延續千年的專制制度早晚有被推翻的一天，但「反動派」是掃帚不到照例不會自動消失的，這種大事也不是少數人可以畢其功於一役的，而必須經歷長期的眾多志士仁人們的鬥爭。叔公作為「主幹將領」參與的這件事，是與眾人最後拿起掃帚，把幾千年專制皇朝制度最後掃進歷史垃圾堆的偉業，是很光榮的。其意義具全國性，也是影響民族歷史的大事。即憑他做的這件事，與林姓千年發展出現的傑出人物相比，也毫不遜色，故應給予他應有的歷史位置。」現在「評王沛一文」再次引用，以說明三叔公參與北伐的歷史意義。

在留傳下來清朝退位前的辛亥北伐記載非常有限、模糊的情況下，王沛一文是作為業餘人士的我能找到的比較詳細記載了。

（四）三叔公可敬的做人品格

在陳述三叔公才幹品格之前，我不由得想起彥英公第九代孫，三叔公向上數第十代先祖、勇武的大源公（字國清、號金峯）。大源公明嘉靖十一年（一五三二）生，嘉靖四十五年歿（一五六六）享年三十五歲。他是明朝一個把總。他是東石林姓直接祖先，邑誌記載：他「體貌魁梧、胸儲韜略」，看來三叔公身材像他。

嘉靖四十三年大源公奉邑侯王化之命，參加剿滅造反的賊寇，把賊首斬殺使賊窮而乞降。後河源寇起，大源公再奉「按察副使前邑侯王化檄調率兵征剿，陣斬賊首……等以功敘錄把總，欲保奏大用師回至龍川歿於光孝寺官民聞之無不震悼」云。

須知先祖大源公把總因戰功本準備提升，不同於現在的軍官，升官可以文質彬彬或者銀兩搞掂！那是冷兵器時期，是要「埋牙」肉搏，刺刀見紅才能服眾，才能提拔升官的啊！三叔公與大源公都是實戰中幹出來的，他們在這點很相同。

平遠林姓歷來在軍界不乏翹楚，而上涼庭在明朝大源公之後，許久出了個林震中將，看來偉大的遺傳也不是經常都有呢。

話說回來，據姑姑林瑋說，北伐勝利，隆裕帶溥儀退位，南北一統，袁世凱在北京舉行中華民國大總統就職儀式，邀北伐各軍將領見面，三叔公也從南京前去，北京派一專用車廂送三叔公，通廂除侍從人員外，只有姐姐林演存陪伴，姑姑說這是三叔公最榮耀的一個時刻。那時三叔公已被孫中山授予中將軍銜，三叔公個子一米八左右，四方長臉上兩道劍眉，他穿上中將軍服特別威武，然而在出席就職儀式中，他並沒有迫不及待趨前站立的衝動。見面時是袁世凱特意走前寒暄，矮小敦實的老袁一看高大的三叔公還問：「您是姚將軍吧？」還以為他是粵軍總司令姚雨平呢。

魁梧威武然而謙遜低調是三叔公高尚的品格，三叔公的品德是他從小練出來的，在祖父記載叔公少年歷程可見：「生而羸弱，七歲失怙，家母陳太夫人特憐愛之，不令過勞，而弟溺苦嗜學，潛就家塾，攻苦每至夜分不休。」因為這樣的刻苦勤奮，使丘逢甲「一見稱為偉器……以長女許配之」，這時三叔公約十四/五歲。三叔公後來決志從戎，他十六歲考入《廣東陸軍中學》（後改小學），十九歲畢業，以優越成績被選入《保定陸軍學校》，肄業後在黃士龍部任排長，黃士龍總辦《廣東陸軍小學》時三叔公與他的連襟鄧鏗都成為該校「學長」（等於班主任）。北伐勝利後返粵被任命為《廣東陸軍速成學校》（即上面前清《陸小》的延續，也是黃埔軍校前身）校長，期間祖父這樣記載：「弟對於學生竭誠教導，勤勤懇懇，一如家人骨肉，絕無敷衍粉飾之習，已故學生之對於弟，無不悅服愛敬，雖至異時畢業，學成而去，而師弟間親愛之情一如其在校時而無間。」

三叔公帶兵打仗除勇敢果斷、善於作戰，治軍嚴明外，還具有剛正不阿，愛民如子的真正的「不拿群眾一針一線」作風！表現出客家人刻苦、正派、一心為公的優良作風，祖父這樣記載北伐時三叔公指揮的粵軍情況：「師行所至紀律嚴明，同時駐宿徐之聯軍，間有強掠情事，皆嚴懲以軍法，友軍服其正，退無怨言。徐州人士同聲愛戴，師旋之日全體挽留，不獲，皆涕泣相送。至對於地方民政財政，尤嚴約所部，絲毫不加幹預，始破城時有地方公款數萬元，友軍議分用，弟亦不許，為之封固，俟地方民政長舉定後，即當眾點還」。

祖父特別描述三叔公品格可貴之處：「原弟生平持躬廉潔，待人懇誠，不爭權利，不避勞苦，認為義所應為，即竭力奔赴，雅不願自為表暴，亦不願人之代為表暴」所以北伐勝利後：「駐寧軍隊無慮數十萬，事後多自矜功伐，於電報報章自為鼓吹。惟寧垣商民獨稱頌粵軍功德，牛酒之犒勞不之他軍，惟粵軍是嚮」。這些情況鄒魯墓表、王沛文章均有述及。

北伐完成後的一九一二年秋冬之交三叔公才在上海結婚，祖父說：「於時弟既二七矣，始完婚。……，至是娶李公秉瑞（清末廣西巡撫——筆者注）第三女，草草畢禮行旅蕭然航行返粵，仝舟之人不知為凱旋將軍也！」祖父說那時社會：「而時當末季採虛聲不採事實，故雖有轟轟烈烈之功，而當時之人之視之亦漠然若無睹也，惟與弟有袍澤之交誼及師友之淵源者皆無不深知之而深信之。」也充分說明三叔公不「自矜功伐」，不持功自傲，趁機為個人獲取名利的可貴低調品格，把國家民族的任務完成後，才考慮個人終身大事。

寫了叔公上面他的為人性格及特點，回味一下心中感到敬佩、慚愧又惶然。「敬佩、慚愧」因為叔公這些品格，我們遠做不到。又想到三叔公優良品格與今天現實社會之格格不入，全「不接地氣」！今天除非出於政治需要的臆造，或浪漫文人純文藝的想像，這種其實目前社會非常需要的品格早已蕩然無存。在如今為官不管文武（起碼是絕大多數吧！）私利當頭，無所不用其極搜刮民脂民膏，然後把黑錢洗白調至他國才為「正常」的時代，即多數平常百姓的觀念行為也與三叔公之理念已大相徑庭。筆者卻不識時務撰寫這些「故事」，人們輕則笑你幼稚，重則對你呲之以鼻，甚至罵你個狗血淋頭！筆者能不「惶然」？

我自知三叔公性格「雅不願自為表暴，亦不願人之代為表暴」，我這樣做似乎既不合三叔公之意，又可能惹今天社會某些人唾罵。可讀者也能看到筆者所寫，均是引自祖父、鄒魯以及王沛文章雷同的描寫和記述，並非個人為讚揚先祖而胡說八道！更冷靜一想，筆者之原意無非講出當年事實，表達對先祖的敬意，同時希望我林氏有志後人能有個學習的正面榜樣，這對林氏及社會都有好處，至於笑罵那就由人了。

四 我與三叔公的緣份

我總覺得我與冥冥中的三叔公似乎存在莫名的不可解析的緣分，我從來不相信任何遐想會有科學根據，所以也許只是付之一笑的「緣分」。但說起來又像不純屬「遐想」，箇中「理由」茲述如下：

初、高中時候有一段時期住在姑姑林瑋（秀珍）當時工作的《廣東師範學院》教工宿舍。記得她對我說過關於我的名字，為什麼叫「慧曾」，「曾」是我們這一輩共用的，但為什麼另一個字專選一個「慧」字？姑姑說：「是為了紀念你三叔公！」後來我從祖父為叔公寫的傳中，找到關於三叔公的名字是「弟原名穎翼改名震字異基號叔慧」。「號」是以前知識分子成年後起的另一名字，而三叔公就起了「淑慧」！而我是先父的第三個兒子，父親給我名字中的「慧」確有意取自三叔公名字中曾用的的「慧」，無疑是出於紀念三叔公的。我把這點瞎想為我與三叔公第一個「緣分」。

後來我又無意中計算一下，我出生時叔公去世差不多正好二十年，我就想中國民間有個很普通而玄妙的說法：「二十年後又是一條好漢」！當然絕不是說此事與什麼「輪迴」有關，也絕非示意我身上有任何可與三叔公相比之處，絕不是這樣，差太遠了！主要出於對三叔公的崇敬所以牽強出又一瞎想，但這又使我自以為是地計入我與三叔公的第二個「緣分」！

第三個與叔公的緣分，要從我到香港後不久發生的一件事，即一九八四年在香港西環一間臺灣書店發現《革命人物誌》的事（詳見本書第三章）。對此事後來我又發現一個巧合：一九八四年正好是祖父林商翼、三叔公林震逝世六十週年、即一個甲子的日子。一個甲子前祖父、三叔公努力人生，為民族做了有意義的好事，這不是容易的事啊！而我們第三代後人，絕大多數與他們比差得很多。尤其一九八四年我個人已經虛度四十一年，除了一事無成就是為家人帶來不斷的擔憂。不管是自己腦袋素質差或社會客觀情況所致，總之是極之失敗。為什麼在這個「節骨眼」讓我發現《革命人物誌》，使我覺得這是他們在天之靈在離世一個甲子、將要進入一個新的甲子時提醒我：「瞭解一下你祖先的優秀吧！」不要傻乎乎地再蹉跎歲月了！向祖輩學習一下吧，在即將開始的新一個甲子做出點成績來吧。因為在中華文化中一個新甲子的伊始意味著新的循環的開始啊！我感到祖父、三叔公在鞭策自己。專門找我來鞭策可能是認為我是子孫中最差的，但實際上還未是一根完全腐朽的爛木，落到今天地步也有其他如社會等的問題？也是藉此對其他後人的同時提醒？這件事又被我主觀地認為是三叔公與我緣分的第三個表現。

第四個促使我認定與三叔公有緣分的是：上世紀九〇年代中，大陸改革開放政策繼續發展，老家平原縣政府派政協官員到香港聯繫與慰問旅港平遠鄉親。當時平遠政協主席林昭瑞和一位副主席（北方人名字忘記）是領隊。林昭瑞先生與我家是「共三房」的同宗，親緣較近，輩分低我們一輩，與我二姐林若曾還是同班同學。他當然對我們家父輩及祖父輩都是平遠著名人物的情況很瞭解。大哥林馨曾是他們主要想見面的。林昭瑞代表縣政府誠請大哥回縣政協掛個常委之類的名分，但以大哥的閱歷他不便去做，於是大哥提議我回平遠政協掛個委員的名，我沒有理由推卻，就這樣當上了「花瓶」。

由於當上這個「政協委員」，於是接觸不少當時平遠官員，其中比較多的就是平原鄉鎮企業管理局林昭圓局長，因為他知道我在香港正為兩餐而在商場拼搏，他很想與我合作在香港為他的鄉鎮企業管理局做點什麼事，加上他也是同宗、共三房的，因為是「小叔、老哥」吧，他平常就叫我「慧曾叔」，而我還之以「昭圓哥」。

如此近的同宗，林昭圓對林震將軍很瞭解（當時他比我還瞭解），言語之間還能感覺到他對林震將軍敬佩之心。因為他是「貧下中農」又是縣幹部，曾是東石公社書記之類的官。「大躍進」期間，鄉間借土地開發為由要掘三叔公的墳，林昭圓（還有堂兄志曾、錫曾）都目睹了林震將軍的墓是如何被挖開的。他告訴我他見到了三叔公頭戴上面插有「雞毛掃」的軍帽，長毛刷子一樣的肩

手持三叔公的將軍佩劍。

林昭圓幫忙贖回的三叔公將軍佩劍。

章，還有一把長長的、拉出來還發亮的寶劍。他說至今他還知道那把劍在誰家，而且他主動問我想不想把那把劍要回來，他說這事他有把握辦。[3]

因為小時就聽林瑋姑姑說過「三叔公埋葬時有一把將軍佩劍陪葬，而這把寶劍是孫中山先生任命叔公為他的總統府參軍時所贈。」所以我毫不猶疑地說：「想！當然想！」林昭圓說：現在收藏這把劍的農民認為這劍有「驅邪保佑」的作用，可能要給他一點錢他才能順利同意交出來。我說那沒問題，並問他大概會要多收錢呢？昭圓哥說給他一千塊錢左右，應該可以贖回。我爽快地說：可以！同時馬上就拿出千元港幣大鈔一張給了昭圓哥。須知九〇年代港幣比人民幣大，對山區農民來說，那時一千元這數目也很可觀。

過了不到一個月昭圓哥通知我寶劍贖回來了，暫時存放他家，問我如何處理，我比較謹慎，決定要親自去取，於是告知他等我來取。

正好不久縣長兼縣委書記謝榮章先生希望我回平遠縣城大柘，洽談平遠在香港設立一個公司以及看看平遠的工業概況。於是我特別請時任輕工部廣州甘蔗科學研究所「首席科學顧問」（也是我大學同學）的梁漢平先生作為我的同伴與我同行前去平遠。即在此次平遠考察期間，我順便與梁漢平到林昭圓局長家，急不及待地看了三叔公這把歷盡滄桑的將軍佩劍。

下面是我們看劍時所拍的照片：

聽說此劍是日本打造，劍身金屬部分還很好，光滑鋥亮，劍刃依然鋒利，只是劍把部分除金屬

[3] 二〇一七我到平遠，志曾兄對我說：「大躍進」時政府對挖墳開棺還比較慎重，請死者親屬去看，志曾說他透過棺材的玻璃棺蓋還能看到三叔公的面容，只是沒有現在的智慧手機，要不他就會拍下來，但是棺蓋一開，全部化為灰雲……！

的把匡外，原來鑲入的木質部分已全部沒有了，大概已全部黴爛了。贖回的劍把簡單以布條裹了一些木條，可能是保留此劍的農民自己做來方便手握的吧。

昭圓哥當時仍是縣裡鄉鎮企業管理局局長，在縣裡辦事挺方便的。他問我是否要把劍帶回香港？如想要帶回香港，昭圓哥說：「我可以到縣政府給你寫張證明，證明此劍的來源和所屬，以便可以帶出羅湖關。」可惜當時沒想得太周全，加上我那次行程：原定還要通過廣州去珠海會加拿大回來的朋友，所以覺得身邊帶著此劍很不方便，所以已打算好，先把劍交給地震局二哥。因此也就感到不要「麻煩」昭圓哥寫個證明書了。

現在回憶起來這是極大的疏忽！我的意思是不一定以縣裡的證明帶出香港，主要是有了一張政府出具的證明，等於此劍有了自己的身分證！當時寫了就寫了，現在再寫就麻煩多了，因為這劍畢竟是個文物啊！

我於是就這樣帶著劍，到廣州後馬上先奔二哥家，把劍交給了他，就此此劍就在他家一直存放了十年以上吧。後來聽德偉哥（三叔公嫡孫）說：他與二哥曾專門去梅州市，去把劍交給梅州有關文物單位，人家問此劍的來源，如何證明是孫中山贈給林震的？他倆還一時說不清呢。

從上面敘述的過程，可以看到取回此劍有八個巧合而不可或缺的環節：

一、國家放棄了毛時期嚴酷「階級鬥爭」政策，進入改革開放時期；

二、政協主席同宗的林昭瑞到香港找到了因家族受極大傷害而永遠不想回去平遠的我們這一代；

三、在大哥意見下，我答應平遠邀請，回平遠當政協委員；

四、同宗的林昭圓部分基於商業考慮，與我建立較密切的關係；

五、林昭圓知道叔公的將軍佩劍藏在那個農民家；

六、他很有心，認為應「物歸原主」，主動詢問我要不要取回該劍；

七、林昭圓顯然在問我前已與保有該劍的農民協商好，談妥了贖回代價並不高的條件，再把情況轉告我，使我能馬上答應並付款進入贖回實質行動；

八、正好此時縣長邀請我到平原考察工業，給了一個前去取回的機會。

一把散失民間多時、很有歷史價值的劍，我們家庭也並未（或不敢）主動要求尋回的劍，居然如此順利得回！所以自然引起「為什麼會出現這麼巧合事情」的問號。為什麼在叔公死後七十年，其墳墓在「大躍進」期間被掘開三十多年後，上蒼安排這麼八個曲折的過程，讓我來擔當收回三叔公這把幾乎永遠不能「物歸原主」的將軍佩劍的責任呢？說實在的，雖然當時的我真的還沒有清醒認識其意義所在，甚至整個過程基本是被動的，「蒙查查」的！但是後來聯繫以上三個巧合的事，我自然又把它看成是與三叔公的第四個「緣分」。

以上四點就是我所說的「我與三叔公的緣份」！是耶非耶？就請不必太認真了。

五　回憶父親

紀曾

先父林公頓，經歷了五十八個風雲變幻的春秋，於一九五七年三月患腦溢血辭世。

我幼時聽父親說過，早在辛亥革命之時，年僅十二歲的他，受到具有民主革命思想的三叔林震（又名林叔慧，同盟會成員）和父親林魯傳的影響，邀集一般熱血少年，手持剪刀，到處去剪清末遺老遺少的辮子，第一次接受了變革的洗禮。

一九一八年，他就讀於中國最高學府——北京大學。那裡人才薈萃，新學如潮，思想活躍，使他有機會接觸到許多先進人物和進步思想。當時正值軍閥橫行，漢奸肆虐，他以一個血氣方剛的青年，積憤於生靈塗炭，國是日非的景況，成了一九一九年爆發的「五四」運動中的積極分子。小時曾聽他憶述當時的情況：他是「五四」愛國運動的中堅力量，北京大學學生會的骨幹分子，四處串聯各校學生，祕密組織各種活動，上街示威遊行，走在隊伍前列，在木棍，水龍之下，與反動軍警搏鬥，他還勇敢的爬牆闖入曹宅，打開大門，讓青年學生沖進大院，痛打賣國賊。於是，他成了被捕的學生之一。事後，在北大校長蔡元培等人的多方營救下才得以出獄。後來由於來自社會，家庭及就意識等諸多因素的影響，未能繼續站在社會變革的前沿。然而，「五四」運動對他的影響畢竟是十分深刻的，使他豐富了閱歷，增長了知識，開拓了眼界，這種影響若隱若現地存在於他曲折的一生中，並最終走上了革命的道路。

「五四」運動後期，他曾醉心於「教育救國」的理想，兼任「平民夜校」教員，試圖以此喚醒民眾。大學畢業進入社會以後，又寄希望於早期的國民政府能夠施行「仁政」「法治」，以救民於水火，致國於富強。可惜，這些幻想卻在殘酷的事實中一一破滅了。所幸的是在那汙濁的環境裡掙紮的過程中，他保持了正直為人的品德和救國救民的良知。在他從政與國民黨政府期間，仍然為人民辦了不少好事。

他兩次任平遠縣長期間，宣傳「廉潔正直」，「公理正義」，而且禁煙，禁賭，禁止高利貸等，打擊社會公害。與此同時，還提倡教育，推廣技術，發展生產，設立「義倉」，救濟貧困，取得一定的政績。平遠地處邊隅，交通閉塞，他主持修築平遠通往蕉嶺新鋪，大柘至關上等公路。由於修建公路須佔用一些農田，遭到田主們和一些保守勢力的激烈反對，障礙重重。他深知發展交通對經濟，文化開發的重要，乃力排眾議，親自督辦。經過艱苦努力，終於完成了這一造福子孫後代的艱巨工程。我小時候，曾看到一張他和部屬在東石冷水坑龍頭凹考察時的照片，他曾把在龍頭凹建立水利設施，消除東石旱患作為自己的心願，並為此上呈省府，到處奔走。可惜當時的省府不予置理，未能成事。解放前後，他每每談及此事，感到十分惋惜。

父親為官清正。據母親回憶，在他出任始興縣長不久，由於公斷了一宗前兩任縣長均未能解決的冤案，當事人十分感激。事後，私下送來十多兩黃金表示酬謝，父親斷然拒絕，並婉言教育。一九三八年，他出任了長達五年的平遠縣長之後，剛剛卸任回鄉，卻經濟拮據，只好函請在馬來西亞任教的妹妹林瑋，匯來數百元接濟，被親朋傳為笑談。他為官多年，不治家財。在任縣長期間，每月給母親的家用錢，母親都省下一部分，後來買了四，五畝水田。直至解放包括祖上遺產在內，僅有水田九畝和果園一塊。

父親在國民黨軍政涉足多年，深感政治上日趨腐敗，你虞我詐，前途無望，乃於一九三八年斷然拒絕省府調令，回家隱居。一九四七年，解放力量空前壯大，革命形勢迅猛發展，他雖身居偏僻的邊隅，但通過閱讀香港《大公報》的報導，仍透過黑幕，看到了中華民族解放的曙光。於是，他毅然離家外出，到各地觀察革命形勢，從此思想豁然開朗，精神為之振奮。回到平遠後，便於遊擊隊取得聯繫，地下黨要求他幫助做策反工作，他欣然承諾，不避危險，深入虎穴，凜然無懼。胡璉兵團殘部竄擾平遠時，他與政府工作人員一齊撤退，並參加了鐵民中學一役的戰鬥，由於在行軍中跌傷了腳，幾經危境，險落敵手，在群眾大力掩護之下，才倖免於難。敵人不斷放風，誘其「自新」，他堅定自若。在此期間，家人株連，四處逃亡，飽經憂患；房屋被焚，家物盡毀，父親義無反顧，沒有絲毫的後悔與嘆息。胡璉兵團敗逃，平遠重獲解放，家人倖存，得以團聚，只得借居幾間古舊房屋。親朋鄉裡感其為革命而毀家，發起集資，重建被燒毀之房屋，父親婉言拒絕了。事後他曾說過：「回首前半生，無功於人民，常感內疚，這次也算還了一點心願」。值得一提的是，在父親參加革命活動的過程中，始終得到母親李燕桂的充分理解和支援，協助父親做了不少工作。

解放後，父親以嶄新的面貌成了革命政府中的一員，頭戴五星帽，腳踏解放鞋，精神煥發，老當益壯，為新政權建設付出了辛勤的勞動，我清楚的記得，有一次，他因公出差順道回家，曾對我說：「爸爸在舊社會生活了幾十年，需要經過長期的考驗才

父親民國時期照片。

能成為真正的共產黨人，如果將來你能成為一個共產黨員，那是我最高興的事情。」這充分反映了他對中國共產黨的熱愛和對新中國美好前景的嚮往。一九五二年土改後期，我有機會和他見面，又對我說：「我相信共產黨一定能領導好中國，你也會有光明的前途……」。還鼓勵我追求進步，努力向上。一九五六年，我考上北京大學物理專業，他以十分興奮的心情寄來一張明信片，信中說：「欣聞你考上北大物理（系），高興得夜不成寐，我也是老北大啊！我一定努力改造思想，希望你戒驕戒躁，並以天下為己任，做毛主席的『三好』學生」。不幸，次年他便與世長辭了。

新中國經過風雨泥濘的艱苦歷程以後，已經以黨的十一屆三中全會為新的起點，開闢了一條通往繁榮富強的康莊大道。父親遺下的六個兒女，已經在新中國的懷抱裡成長，都在為祖國的建設而努力。母親年近八旬，依然健在，正安享晚年。國事興旺，家事相和，父親有知，定當笑慰於九泉。

父親，安息吧！

（作者是廣東省地震局研究員）

六　尋找先父在「火燒曹宅」中的歷史痕跡

——僅以此紀念偉大的五四運動九十一週年

提起「五四運動」海峽兩岸以及海外中國人都很熟悉，因為中國人尤其學術界對發生在九十一年以前的「五四運動」均持極高的評價。認為是中國近代史中具有深遠意義的群眾運動，「五四運動」喚醒了中國各階層人民，讓中國人懂得以及認清了民族的崛起少不了「德」先生和「賽」先生。

對「五四運動」筆者也有一份屬於自己的特別情感。說來話長，自小筆者就被告知一段關於先父如何參加「五四運動」的故事。因為筆者是眾多兄弟姐妹中最小的一個，先父去世時纔十多歲，因此沒有親自聆聽父親講述這段歷史。但是後來經常會聽姑姑以及家中其他年長者提起先父那段頗有些「險象」的故事。我聽到的說法是：先父當時剛剛二十，就讀於北京大學，習數學，後改經濟。所謂「正同學少年，風華正茂」。又恰遇一戰結束，巴黎召開和會。中國是戰勝國，列強卻接受倭寇無理要求，要把原本應交還給中國的戰敗國德國在山東的權益轉交給小日本。可恨的是，徐世昌北洋政府竟然同意派去巴黎參加和會的以曹汝霖（交通總長）為首及陸宗輿（幣制局總裁）、章宗祥（駐日公使）等親日派的意見，並指示他們在和約上畫押。得風氣之先的學界聞訊無不譁然。對列強不公的憤怒，對倭寇的新仇舊恨，激發大量滿腔怒火的學生，聚集到天安門進行示威，宣洩他們強烈的不滿情緒。以北大為首的眾多學子更趕至曹汝霖官邸趙家樓，最先學生們喊叫擾攘多時不得要領，於是有幾個身手敏捷的同學更爬上鐵柵，越柵而過把大門打開。柵門打開之後更有大量學生湧入，混亂中也不知是誰點起了火，於是趙家樓更燒了起來。姑姑告訴我那首先爬進去的幾個同學中有一個就是先父，姑姑說，估計你父親當年是北大足球隊守門員，身手比較敏捷，所以他也是先爬進去的同學之一。不久員警殺到，原先只做做模樣維持秩序，後來有長官前來就開始鳴槍、打人、抓人。逃走中先父被抓，更被投進監獄，這可把家人嚇壞了。於是多方設法營救。據姑說因為當時祖父、叔公、姑婆都在北京，在北洋政府中也有一點關係，通過這些關係才把先父營救出來云。

對於上述這些說法，年少時也只管聽聽，沒有什麼太大的感覺。隨著年紀的增長，對「五四」印象的越來越深，開始回想這些說法，有所思考。加上自己是學理工的，總有一份追索求真的癖好，很想知道真實情況究竟如何。但是那時訊息比較閉塞，老一輩不太願意談往事。所以對我來說，基本也只能持一種懷疑的態度。總認為這些事也可能只是說說，事實可能並非如此，甚至有很大出入。

三十年前我移居香港，在與臺灣親友重新聯繫中，看到由臺灣的平遠人士所編《平遠縣誌》。內中（續編二八九—二九〇頁）有云：「林公頓……與曾養甫（平遠人，民國時曾任交通部長、負責興建錢塘江大橋、抗戰時期任滇緬鐵路督辦——筆者注）同學，年歲亦與相若（同班、同桌——筆者注）……民國五年畢業。嗣入國立北京大學法學院經濟係……」。由於在臺灣所編《平遠縣誌》中，先父被列入「叛逆類」（背叛中華民國——筆者注）因此對先父多有批判之言，對先父在「五四」的活動更未提及，不過總是證實了先父的確曾是北京大學的學生。

此外，我慢慢認識到，「五四運動」、「火燒曹宅」都不是小事。以前所聽說的先父故事與此有關，很可能能找到什麼「痕跡」。而在香港也可以讀到很多歷史方面的書，於是我總是有意無意的帶著一絲希望，看能不能發現一些蛛絲馬跡，以佐證以前聽過的故事。事實證明了我的猜測，逐漸我在有關的書籍中不斷地也是偶然地發現紀錄我祖輩那一代人的許多不同事跡，記錄他們當年如何參加辛亥革命等等。下面可以摘錄一、二，如：「革命形勢飛速發展，迫切要求儘快組織起統一的中央政府，一九一一年十一月下旬，獨立各省推派代表齊集南京，商討籌組中央政府事宜，並選舉臨時大總統。丘逢甲被推舉為廣東方面的三位代表之一。……時年十二月初旬，丘逢甲取道海路，啟程北上，隨行人員有丘復、丘心榮、林魯傳（筆者祖父）……。」（《丘逢甲傳》，二一二頁，時事出版社，一九八七年）；「辛亥武昌起義，清廷起用袁世凱，……張勛負固徐州，與北洋第五鎮將沿津浦路直攻南京，民國之勢至岌岌也。卒因固鎮、宿州（均在現安徽省——筆者注）連捷，張勛敗棄徐州，和議告成，民國統一，此兩役所關，固不大哉。而為此兩役主幹之軍隊，則廣東北伐軍。而為廣東北伐軍之主幹將領，則中將林公（筆者叔公林震將軍）……。（臺灣《革命人物誌》第十七集，一一六頁，鄒魯（中山大學第一任校長——筆者注）撰寫）。

筆者還找到有關祖父及叔公林震將軍的妹妹，我的姑婆林演存的許多資料「一九一一年，在她（指唐群英；秋瑾好友，湖南人——筆者注）和林演存、朱光鳳、劉其超的倡議下，成立了『留日女學會』……並創辦《留日女學會雜誌》，這個組織是女權主義組織，也是救國組織。大會還決定成立紅十字會……」；「武昌起義爆發後，遠在國外的女留學生心潮澎湃，紛紛踏上了歸國之途……，東京女子醫學校學生蘇淑貞、蘇洵貞姐妹倆。他們與林演存、林貫虹、唐群英……等八人組成了女子紅十字軍，於一九一〇年十月十九日回國參戰……赴漢口從事救護活動。廣東北伐軍組建後，林演存又參加廣東北伐軍醫務工作……」（《吳女士和葉女士》、《博愛丸的首次航行》，譯自《東京朝日》，一九一一年，十一月十五日和二十日）。

又有記載，民國成立之初，在毛澤東主席年輕、微寒之時幫助過他的慈善家、也是民國第一任國務總理的湖南人熊希齡。毛主席後來從西柏坡進駐北京前就住在熊在香山的故居「雙清別墅」，毛澤東說過：「一個人為人民做好事，人民是不會忘記他的，熊希齡作過許多好事」。熊作了什麼比較重要的好事呢？一九一二年熊希齡在香山建立浩大的「香山慈幼院」，佔地千畝，不是僅僅救濟，內有幼稚園、中小學、工廠、農場、運動場……，林演存以其人格、學歷以及對革命的忠誠成為熊最得力的助手。筆者於是想起：直到來紐居住，有一位我叫「香姑」的表姑，她是我姑婆在那時收養的一位滿族女孩。九十多歲才去世。筆者家鄉一直保留一塊長型麻石匾牌，上刻熊希齡為姑婆、先父書屋書寫的「闇香齋」三字。

之後，中國日漸開放，一九八四年由廣東官方直接領導下，各地開始編寫中斷多年的《方誌》。一九九二年《平遠縣誌》完成，由廣東人民出版社出版。在傳記二十五編《人物》中，可以查到先父與先祖父的條目。對先父生前用了兩千多字加以介紹，其中有如下紀錄：「林公頓，原名振齡……民國六年（一九一七年），畢業於平遠舊制中學。次年，考進北京大學數學系後轉讀經濟系……『五四』運動前後，曾認真閱讀《新青年》……等進步報刊，……一九一九年，曾參加『五四』運動，被軍警逮捕……。」大陸官方所編的《平遠縣誌》基本反映了父親一生實際情況，家人也因此深感欣慰。

從以上這些紀錄往事的書籍中，從這些地方誌中，我已可以完全確定那時父親以及叔公、姑婆他們的確居住在北京，也肯定認識北洋政府的一些官員或比較高級的官員。所以通過關係「營救」

在「五四」運動中被捕的先父一事應有可能。

使我尋找歷史痕跡出現更大作用的是：二〇〇九年四月十四日，《北京青年報》發表一篇文章，名叫《總統徐世昌力主懷柔「五四」被捕學生終釋放》。該文是根據「北京市檔案館」、「共青團中央青運史檔案館」的有關資料，在前人已進行的挖掘、整理、公佈的基礎上，由鹿璐與《北京青年報》合作策劃寫出來的一篇文章。現摘錄箇中段落：

「火燒曹宅」是五四運動中轟轟烈烈的一幕，它揭開了整個五四運動的序幕，正所謂「山雨欲來風滿樓」。……

「火燒曹宅」的當天就發生了軍警逮捕許德珩等三十二位愛國學生的案件。而這一案件也成為整個五四運動中一個引人注目的焦點性事件。幾十年後擔任全國人大常委會副委員長、九三學社中央主席的許德珩是三十二名愛國學生在這一事件中的代表性人物。

……據當時的親歷者回憶，軍警到達曹宅以後，見人就打，見人就抓。查是日學生赴曹宅時，初因大門緊閉在外詈罵，迨後毀後窗實行搭肩跨入。……

……最終有三十二名學生被逮捕，這三十二名學生是熊天祉、梁彬文、李良驥、牟振飛、梁穎文、曹永、陳樹聲、郝祖齡、楊振聲、蕭濟時、邱彬、江紹原、孫德中、何作霖、魯其昌、易克疑、**許德珩**、潘淑、**林公頓**、易敬泉、向大光、……，其中北京大學生二十，……

在牢房中學生們被嚴加監視，不許交談、不許走動、不給飯吃、不給水喝，受到了虐待和凌辱。……

《總統徐世昌力主懷柔「五四」被捕學生終釋放》一文對後續情況還有精彩、詳細的描述，由於不是本文重點，在此就不予摘錄了。

不過該文所公佈檔案中的「這三十二名學生」中第十九名林公頓，正是先父！於是上述多種根據表明，筆者終於為先父找到了在那段歷史中他的痕跡。

筆者二哥，一九五六年也考上北大，師從周培源習地球物理，他曾與我提過，他在一次展示北大歷史的照片中，見過一張記錄學生爬進曹宅時的照片，裡面有一位青年似乎頗像先父……。二哥特別提到，先父在北大時是北大足球隊的守門員，而他也是北大足球隊的，而且也是守門員。我想怪不得當年先父能與幾個同學先行爬入曹宅了，守門員總是身手敏捷一點嘛。

筆者也曾在網上找過是否有記錄父親此事件相關之照片，並曾在中央檔案館找到兩張照片，分別記錄了北洋政府總統徐世昌以懷柔政策緩和群眾怒火，在五月七日釋放被捕學生後，北京大學舉行儀式，歡迎釋放歸來同學的熱烈場面。

父親應該也在這些照片中，可是由於先父相貌沒有很鮮明的特點，而且筆者對父親的印象是他五十歲以後的相貌，五四時父親才二十歲，究竟照片中那位是父親就難以肯定了。

筆者深信，每個人都有自己值得回顧的往事，有很多讀者有他們光輝燦爛的故事，只是沒有或不想敘說。對於筆者來說，「五四」，這個中國現代史中極為重要的運動；「火燒曹宅」，這一「五四運動」走向高潮的導火線；從小被告知先父與這些事件的一點關係；加上自己未有機會聆聽先父的講述。這些因素合在一起使自己感到有其一定特殊性，並非每個人都會恰好踫到的特殊性。正是這樣促使筆者在好奇心驅使下產生一種自然的尋根問底欲望——一種每個人都會有的欲望。上文就是紀錄筆者在這種心理推動下，尋找先父這件往事的心路歷程。所述之事在歷史長河中也許微不足道，可能不值一提，更不值得炫耀！筆者也絕非心存此意。

不過先父生於一八九九年，筆者是先父最小的兒子已年近七旬。相信在當時被捕的三十二名學生中，他們以後一生的遭遇會極為不同。而他們的子女中還有興趣，又有機會緬懷他們，紀念他們當時參與的「五四運動」的相信也不多了。因此自認為可以寫成小小文章，在華人世界裡存在一定的可讀性。

與此同時更重要的是：作為對「五四運動」一種特殊方式的紀念，對無數為民族獻身的先人的一種緬懷，對中華民族走到今天的來之不易的理解。對今天祖國已如此強大繁榮的欣喜。微不足道的我們也許不能為國家民族做點別的事了，但是如果我們通過追憶，重溫和謹記「五四」時提倡的最基本的追求：「愛國、進步、民主、科學」，這對我們今天作為一位華人在海外做人的準則，不是也有一點啟發和幫助嗎。

七 「五四」對先父人生的影響

拙文《尋找先父在「火燒曹宅」中的歷史痕跡》查證了先父確實參與了「五四」運動，而且是三十二位被捕學生之一，說明先父是個積極參與者。「五四」運動是現代中國第一次帶西方色彩的民眾覺醒運動，運動對中華民族近代發展有巨大影響。那麼「五四」運動對積極參加過這個運動的先父以後的人生，有沒有影響呢？根據大陸及臺灣編撰的有關梅州或平遠地方誌及書籍的記載，我們從先父在北大畢業後的具體人生歷程就會有適當的結論。

（一）對教育情有獨鐘

1. 第一份工作是教育

秉承父輩歷來喜好興學育才的傳統，受到祖父魯傳公清末民初在平遠開拓現代教育卓有成就的影響，已使先父在激烈的「五四」運動期間，就對黃炎培、陶行知等的「教育救國」思想特別接受。相信也是促使在「五四」後，北大未畢業前就走出校門去兼任「平民夜校」教員，親身參與「平民教育」以喚醒民眾的實踐活動。

先父到社會後對教育工作有特別的興趣，一九二四年先父北大畢業，正好遇到已回廣東的父親、三叔在幾個月內去世，而其時先父祖母陳太夫人仍在世，先父於是回平遠侍奉祖母。一年後一九二五年祖母也去世，先父就出來工作了，經人介紹他的第一份工作就是當平遠縣教育局長，從事政府教育工作。

2. 特別重視地方及家庭教育

先父做平遠教育局長一年多，不久後他出任縣長，期間他特別重視發展地方教育事業。除特別重視全縣教育，還兼任鐵民中學董事長，全力支持東石中心小學、崇德小學等等。

在先父影響下，林家二十世紀六位成員出國留學，十五位國內著名大學畢業，絕大多數從事科學、技術、醫學、和教育事業工作。其中包括導彈之父錢學深深為敬重的國際著名陀螺專家、我國陀螺研究鼻祖，先父堂弟林士諤教授，林士諤教授是解放初北京航空學院八個創始人之一，他留學美國麻省理工時首創的高階方程劈根解法被國際命名為「林士諤法」，是國際上解高次方程至今通常採用的方法。

（二）對涉及豐厚錢財的「肥缺」不感興趣

作為一個後輩我的理解是，由於祖父和叔公生前在廣東政壇一定的名聲和成就，無疑為先父提供了一個較好的政壇發展環境。與祖父叔公同輩的也有許多還活躍在軍政界，他們也希望有像先父這樣知根知底又已經學有所成的年輕一輩出來幫忙。加上二、三〇年代一個北大畢業生放在邊遠山區小縣當個縣教育局長顯得略為「大材小用」。所以一九二八年先父前去廣州，那裡有我祖父以及我三叔公以前良好的關係，叔公任北伐軍前敵總指揮時的參謀長李濟深等當時主政廣東。先父開始被安排做廣東省「禁煙專員」，這絕對是個肥缺，先父上班後發現幾乎隔幾天就可以分到抓賭沒收回來的現金。可是對先父來說，他沒有忘記：民國六年陳炳焜主政粵省，其父林魯傳做廣東省議會代議士時，粵省政府為籌措軍費，威逼和賄賂議員投票通過「廢止禁止賭博」議案。正是先祖父聯絡其他正派議員一起反對，而否決了危害百姓的「廢止禁止賭博」議案。那時先父仍未上大學，而今先父已北大畢業。重要的是在北大時是「五四」運動積極分子，經常閱讀包括《新青年》在內的等等進步書籍刊物，深受救國知識分子新思想、新觀念影響，深知中國社會必須去除什麼陋習，對改革、治理中國有自己一定觀念。先父是不會忘記先祖父等所遺家風的，所以先父對這種腐敗氛圍絕難適應，當然他也自知自己沒法改變這一現狀，於是上任不久即提出辭職。省裡原想再給他一個肥缺，讓他做順德縣縣長，然而父親早就瞭解珠江三角洲富裕的順德縣也絕不是好弄的官場，故此也婉言拒絕此職。於是一九二八年末，先父由李濟深推薦第一次出任平遠縣縣長，但卻因次年李濟深被蔣介石軟禁於南京湯山，父親隨之也卸下縣長一職。一九三〇年陳濟棠時期，先父曾在黃延禎軍部任職。後又通過黃延禎的關係任始興縣縣長一年多。一九三四到一九三八年間先父再任平遠縣縣長。

（三）一心為社會民眾辦實事

1. 開拓平遠的初期現代化

在第二任五年比較穩定主理平遠縣期間，藉著自己家族在平遠的影響、以及窮山區人民相對樸實的民風，先父得以比較得心應手地實現自己的理想、推行自己改造社會的設想。

先父任內積極做實事為民謀利，他推行禁煙禁賭、禁高利貸、設立義倉、備荒救災、開辦郵局、鋪通電話、修築公路、封山育林、興修水利、整頓學校發展教育等等，這些平遠以前基本沒人幹過的事情，為平遠縣初步進入現代的發展打下堅實的基礎。有關這方面的史實可以在許多記載中找到，如「平遠文史」中《林公頓傳略》（丘德貴、吳浩、張信華共同編撰）第三頁：「……直至一九三八年。他在任職長達五年期間，曾在紳士中主張《公理正義》、《循禮守法》。在農民中宣傳《安分守己》、《奉公守法》。他曾發佈《禁煙、禁賭、禁釀和禁止高利貸》的文告。文告發表後，他執法嚴明……，他曾在全縣一六〇多個保重、中，設立「義倉」，為貧民百姓備荒（倉穀由當地公嘗田租和富戶捐出）。在任期間，設立了平遠三等郵局；修築了關（關上）柘（大柘）公路和東鋪（新鋪）公路平遠段，全縣設了四個苗圃場，面積八十畝，育苗一十一萬多株；一九三六年，平遠遭受水患，損失四十多萬元。公頓立即向省請賑救災……」而一九九三年出版的《平遠縣誌》亦有相同記述。

2. 為官清廉

一生都能秉持先輩正直清廉家風，絕非以權中飽私囊之流，相反先父對民國政壇普遍存在的權謀、腐敗十分不屑。他身處舊官場那普遍渾濁環境，沒有同流合污，真正做到出污泥而不染。他主政平遠修建（關上至大柘和中村至壩頭兩條）公路時，因交通建設是金錢利益舞弊叢生之地，尤其祖墳遷徙，土地、農田改用會有許多以金錢換取利益的機會，不少地方官場權勢因此盤滿缽滿，三世無憂，然而先父斷然拒絕一切行賄。而且二十多年官場生涯，先父一直堅持這種品格，辭官後一貧如洗。

二哥在《回憶父親》中述及：「……他出任始興縣長不久，由於公斷了一宗前兩任縣長均未能解決的冤案，當事人十分感激。事後，私下送來十多兩黃金表示酬謝，父親斷然拒絕，並宛然教育。一九三八年，他出任了長達五年的平遠縣長之後，剛剛卸任回鄉，卻經濟拮据，只好函請在馬來亞任教的妹妹林瑋，匯來數百元接濟，被親朋傳為笑談。……」（《平遠文史》第二輯，一一頁）

由於對錢財看得很輕，先父從不添置家產，靠工資養家。先父而且不同意母親用阿姑從南洋寄回來幫補家用後所剩的那點錢積累起來去添置田產。當然先父不可能敗掉上一輩留下的，何況那幾畝地的租金還要用於子弟們教育。先父的這種作為源於善良的家風，但想不到即使如此，先父仍因先祖為教育而留下的幾畝地幾乎成了他「土改」期間致命的其中一個原因。

這種情況相比當今官場出現那些十億百億、甚至千億「先富起來」的現象，不知歷史作何解析？難道科學技術的發展與人類的道德標準成反比，而與基尼指數成正比是一種必然的社會發展規律？須知共產主義有案可稽之初衷乃是追求眾生公平的啊！這真值得學者們深入探討。

先父生在一個隨手可輕易獲利的環境，卻兩袖清風，使得他在抗戰勝利後打算外出考察連旅費也無從著落，許多鄉間較富者送錢支助盤川，但先父卻讓先母帶著長兄到贈送者家門前原銀奉還。

一九五〇年長兄考取中山大學醫學院，要到廣州上學，只能賣掉先母僅存的幾個戒子作為旅費，這些都很好說明了先父做官實在是清廉。

以上這些可見平遠人民把先父定為平原歷史上五位最好官員之一是有充分理由的！

（四）厭煩官場的勾心鬥角

一九三八年八月，先父突然被省裡免除縣長職務，命令其調省府任職。本來對官場你虞我詐深有體會的先父對此觸動很大，感到仕途險惡，以先父的性格，其從政思想驟然消極，決定不到省裡赴任，回家隱居，期間僅兼任鐵民中學（現東石中學）董事長。一九四六年先父開始掛上一些虛銜，先後有廣東省黨政訓練所主任、省黨務督察、第六區黨務督察專員、省參議員，以及因曾養莆關係當過湘南煤礦局專員等等。這些都不是實職而是虛銜，有少量官薪，還是以居家為主。

（五）面對時代巨變敢付出身家性命積極投身

先父不惑之年前後，中華大地態勢，內則軍閥混戰國家孱弱，外則倭寇咄咄逼人民族滅亡危在旦夕，是我中華民族生死存亡面臨巨變之時。先父經常通過閱讀包括香港《大公報》等大量報刊，雜誌，瞭解到國家總的態勢，瞭解到國共鬥爭情況，對國民黨產生疑慮，對中共及其「新民主主義」理論頗為好奇和敬重。後來他決定赴寧、滬、湘、穗體察國家狀況，一九四七年他到了香港會見叔公林震將軍前部屬、同僚李濟深、張文等前輩。即在這期間，先父認識到必須離棄國民黨，必須站到人民一邊，為人民解放戰事業做貢獻，他回平遠後即不顧個人自身安危，與東江中隊聯繫，最後為平遠的和平解放做出了貢獻，在這一過程中先父以生命為代價，親自與武工隊聯繫，支持槍械、人員，打入極為敏感的國民黨縣政府核心，策反現職官員，掩護、保釋中共被捕人員……等等，為平遠和平解放做了不可替代的工作。

後來國軍胡璉殘部由四川敗退路經平遠，本已和平「解放」的平遠又被國軍重佔，國軍於是進行嚴厲反攻倒算，先父被定為首位抓捕要犯，使先父及我們全家處於極度危難之中，全家分散躲入深山野林，險境叢生。先父更幾番幾乎被抓，而一旦被抓的話，則無疑會被立即槍斃。

終因國民黨氣數已盡，一九四九年國府敗走臺灣，平遠也徹底「解放」，由於先父以上情況，他被任命為平遠人民政府副縣長，後調興梅行政公署任職。

從上可見，「五四」運動的確在中國社會產生了廣泛深刻影響，一種進步、正面的影響，先父北大畢業後的人生也是這種影響的佐證。當然與先父家庭尤其先祖父、三叔公林震對他的影響有關。與他一生喜歡學習、思考和觀察，傾向民主，追求進步的思想有關。與他一旦認定大勢，敢赴湯蹈火在所不辭的性格有關。

父親為人，有人認為有點「蠻」，這正說明父親思想、信念可能常常比他周圍的人稍微超前，許多人一下不理解而以「蠻」形容之。

（六）客觀理解先父一生的作為

先父那一代是共產主義在中國萌芽、發展和成功的時代，筆者未有機會親聆先父對這種情況的見解。但可以肯定他應該瞭解共產主義一些理論及情況，他沒有在「五四」運動後，因緣際會地信仰、投身於共產主義運動，這一情況當然與先父當時面對的各種複雜個人、家庭、社會情況有關，所以若論個中之「是或非」，今天觀之是個見仁見智的問題。

我也曾聽家人說過先父對自己沒有更早決然參與到共產事業中，有過似乎很內疚的反思，因為他是有這樣的機會的。例如二哥回憶先父對他說過：「回首前半生，無功於人民，常感內疚……」（《平遠文史》第二輯，第十一頁）

又聽二姐若曾說過：一九五六年她作為我們家逗留東石的最後一個成員，到廣州與家人團聚。出廣州前二姐特別前去探望父親，並把大哥與大嫂和剛出生不久的大女兒林鷗一起照的照片拿去給父親看，父親看後老淚縱橫，感概萬千並說：「我沒有資格擁有這麼好的孫女！」這多少反映出父親內心對過往的「懺悔」。

這一問題我個人有如下看法，當年面對國民黨這個民國開荒牛後期出現的大面積腐敗，面對中國共產黨以這種腐敗為切入點極為出色的渲染，面對中國歷史如此悲壯混亂的政權更迭，我們聽過多少從前朝過來的知識分子，都曾發出相似的感言！當年有此感言大多是出自內心的，是有良知的表現。所以先父受四〇年代後期五〇年代初，中國政壇的「政治道德制高點」完全由中共佔據這一情況的影響，對自己過去的人生深感懊悔，完全可以理解。

先父一生處在中國近代社會兩大變革（清朝覆滅和民國被逐臺灣）之間的時期。而先父的上一輩在清末民初這一偉大變革中，幸運地站在了變革的前沿，並為變革做出了值得驕傲的事情，這無疑對先父青年時期的抱負有借鑒和激勵作用，期望自己對社會也會有相似的作為。尤其先父畢業於孕育時代先進思想的北大，又參與了中國第一次在現代文明思想啟迪下的「五四」運動。進入社會後，也積極推動了許多治理社會的新理念。但是最後到頭來似乎不但沒有被劃分到社會進步的一邊，更沒有如上輩那樣得到應有的肯定和榮譽。連祖輩當年有些同事都巧妙地選中和跟上了勝利者的「步伐」，而自己反而沒有「跟上」，感覺走在了歷史後頭。在這種情況下，感到愧對上輩，愧對自己一生。從這點他感到「懊悔」又是「可以理解」的。

不過歷史進展至今天，現在人們會斟酌回味那個時代、深入研究那個時代及那段歷史的巨變以及之後的後續情況，冷靜、全面考量之下已令許多歷史界人士對當時變革的「歷史合理性」感受就有不同了，有不少史家頗感存疑。起碼絕不會有當年許多人的「懊悔」。而且人們今天這種不同的「感受」，同樣也絕對是有良知的表現啊。先父在天之靈若有所知，也就不必過於自責自己的一生了。

而且，一個家族，每一代都能正好踏正社會浪潮，都攤上好事實在不是易事，何況社會的變革，往往當時看來是偉業，卻常常經不起歷史的推敲，最後回看卻並非如此。

重要的是，先父一生憑自己最基本的良知判斷生活做事，最後在強大歷史聚光燈之下，清晰見到無論原先說了什麼，如何判斷當時的歷史複雜狀況，以作出了自己行為的決定。先父最終沒有偏離追求社會進步和正義的良知，並難能可貴地承傳清廉的家風、正派的人格品德，他為官的表現堅守著現今社會已經逐漸淡薄的許多可貴東西，與整個社會文明進步的普世價值完全吻合，我認為就這一點已經足夠了，已值得先父在天之靈不必遺憾，甚至值得驕傲了！

（七）在歷史面前對上蒼持感恩態度

要知道「五四」參與者數以千計，他們以後的一生必有各種不同的軌跡，但絕大部分都淹沒在浩瀚歷史中，煙消雲散。我們現在可以追述的，那三十二個被抓的，那些思想先驅者，傳播這些新思想的雜誌報刊的出版、編輯人員，以及個別後來因被傳說在運動中有特殊作為的人物：如組織者、帶動者、可能的先行攀爬進入者，點火者等等，他們算是在浩瀚歷史長河中幸運地留了點痕跡的人！而構成社會前進巨大能量數以萬計的追隨者，就不會有半點痕跡了，當然即使被記錄留下痕跡也不是永久的。

歷史就是如此，最後修成正果的人肯定是極少數，「陪讀」的占絕大多數。先父能入三十二名之列，成為歷史聚光燈下有史可稽少數人中的一員、正面的一員，也因此成為值得我們後人追念學習的榜樣，雖不是什麼了不起的事，但已是萬幸中的萬幸了！

筆者把先父參加過「五四」運動的後續一生實況寫出來，作為一個實例，對致力「五四」運動社會影響的研究者將有參考作用。

八　虔誠的基督徒——回憶母親

初秋粵西北山區的平遠已有較濃的寒意了，我們老家上、下涼亭至東石鎮，中間橫跨一條小河，但那天河邊圍了不少人看熱鬧。忽然有一壯實中年農民，撥開眾人攢到前面，他定睛一看，只見左右各一人把著公頓叔的胳臂，公頓叔被這兩人按入水中，又拽了出來。這位仁兄乃附近鄉裡，一向對公頓叔崇敬有加，他見此況，以為有人要侮辱、耍弄公頓叔，於是大喊著要河中那些人「住手」！同時邁步向河水那邊走去，企圖解救。幸得周圍圍觀者及時制止，告知這是「公頓叔領洗」！並向他說明，「領洗」就是「公頓叔」信耶穌了。所指信的「耶穌」就是基督教。這位憨厚的農夫聽罷解釋，似懂非懂地喃喃作聲：「誰要是敢害公頓叔，我就饒不了他！」

此事發生在胡璉兵團撤出平遠，平遠重新「解放」後的某一天。公頓叔就是我的先父林公頓。那麼他為什麼要受洗加入基督教？

以前敘述先父「解放前後」經歷時也曾提過，事緣一九四九年初，平遠和平解放不久，由於國軍胡璉兵團從四川撤退南下路經平遠，原來僅是路過，隨後會經廣州到香港坐船去臺灣。但因故在平遠逗留一個多月。胡璉兵團之十四師於是造成國軍在平遠地區的局部強勢，他們七月十四日佔領平遠縣城仁居，當下就任命副師長郭虎三為平遠縣縣長。郭遂即下令緝捕「叛逆」，先父列於首位。在此國軍勢力突然壓倒中共建立的新政權的危急之際，先父與臨時軍管會被迫撤出仁居縣城，退到大柘、東石一帶，各自尋找暫避強大胡璉部隊的辦法，也就是緊急逃跑、躲藏。

因先父被定為首位抓捕要犯，使先父及我們全家都處於極度危險之中。因為那時正是國民黨被共產黨打得氣急敗壞因而對「共匪」及其「幫兇」恨之入骨決不留情之時，我們全家尤其先父、母、年長子女，一旦被抓必死無疑。於是全家只能緊急「逃難」。先父把全家化整為零，分成幾組，各自躲入深山老林，並要視機隨時轉移躲藏地點，全家之遭遇可說是險象環生、九死一生。記得當時我最小，很自然被分到母親與大姐的一組。至今我還依稀記得，我們在山裡總是轉移，而母親在驚慌中更是經常祈禱，尤其晚上睡前，母親一定領著大姐與我，喃喃自語說一大堆「求主保佑」的話。

先父更極之驚險，他幾番幾乎被抓，聽母親回憶：最初一天先父因急促行走不慎腳部崴傷，只好下到河裡，沿著河側躲著逃跑。誰知搜捕人員不久居然尋找到來，在後面也沿著河岸邊緣搜查，越追越近。年已半百的先父更因腳部崴傷行走不靈，沒有搜捕官兵行動迅速，先父已聽到後面嘈雜聲音，眼看就要被追上，先父嚇得面無人色，準備萬一被發現就吞槍自盡，以免受辱。即在這千鈞一髮的關頭，不知為何追兵突然停止前進，並隨之折返，最終先父沒被發現而逃過一劫，保住了性命。

幾天後，先父與他的警衛員，來自林姓早期祖居圍屋「豐太塘」的阿文三叔一起逃跑轉移，阿文三叔計畫把先父帶到他兄弟在深山老林裡的家，讓疲憊的先父可以洗個澡和稍作休息。到了阿文三叔兄弟家，阿文三叔安排人把熱水燒好，請父親更衣沐浴。不知何故，先父走進小洗澡房內，剛脫了外衣，心中突然感到極為不安，有一種需馬上離開的莫名感覺。先父把這一感覺告知阿文三叔，阿文三叔聽後同意馬上再轉移，於是帶著先父從後門又直奔屋後的高山林子裡去。結果不到半小時，國軍搜捕隊伍真的趕到，只是搜查之後一無所獲，國軍只好潸然退走，而先父又一次躲過劫難。

至於我與母親和大姐婉曾也曾遇到驚險之事，同樣被嚇得魂飛魄散，雖然由於我年紀太小，當時大人如何驚恐沒有感受，但這個事情我還有點印象。記得我與母親大姐躲藏的此地是平遠很山的一處，叫「鍋孖裡千金窩」，大概是環山中間一個稍微低窪的地方，不知什麼年代建有一間舊大圍屋，內住兩家人，前屋主人叫「阿強大伯」，與先父相熟，家中沒有女性，本來商定國軍萬一找到這裡，先母就與阿強大伯假認夫妻，以此掩護逃過搜查。一天晚上，我與母親大姐已在床上，準備禱告後就寢。忽聞屋裡犬吠，很快聽到屋外有雜亂腳步聲，屋內人們於是個個慌張起來，住後屋的那家已架梯於後牆，準備跳牆從後山逃跑，可是聽見後面屋外也有動靜，只好作罷。大家以為圍屋被國軍所圍，大難即將臨頭，都心慌意亂、方寸全無，母親以為「今晚必死無疑！」可等了好久，奇怪的是外面的人一直沒有進屋，按當時慣例如來搜查一定大肆敲門，甚至強闖進屋。但在母親與我們姐弟正瑟縮一起，母親不停禱告之時，聽到前門有輕輕敲打之聲，於是阿強大伯覺得情況似乎並不那麼「凶」，就大膽前去大門後小聲詢問，門外回答他們是遊擊隊，是路過此地想老鄉開門給進去有個較暖的地方作稍事休息和找點水喝。阿強大伯判斷是遊擊隊的可能性大，就算不是你還敢不開門嗎？到時人家強行入門不是更慘嗎！於是就開了門，開門之後幾個來人很有禮貌詢問可否給點井水？說他們是屬東江縱隊梅北支隊的。阿強叔看見來人不是穿著國軍制服，幾十個士兵就坐在屋外，穿百姓衣衫，武器老舊，阿強大伯判定不會有詐，於是就請他們全都進屋，一一補給井水。畢竟深山老林又半夜三更，即使屋內天井也比屋外暖和，所以就請戰士灌完井水就在裡面休息。

阿強大伯請領頭幾個進裡屋廳中喝口熱山茶，言談中他們也瞭解先父處境，阿強大伯就到母親處告知情況，母親大喜過望，心頭大石驟然放下，覺得這一下整個天都光了。為了不添枝節，作繁瑣說明，母親沒有出去，不過我們卻可安心在屋裡歇息了。沒等天亮隊伍就開拔出屋，消失在深山老林之中。

胡璉部隊在平遠待了一個多月就走了，可想不到的是，居然在胡璉兵團某部一個多月的搜捕中，我們家每個成員雖然都經歷了類同的逃生險境，卻沒有身體嚴重受傷或生命的損失。這件事從一個側面反映了先父在平遠百姓中口碑好，頗得民心，才能在這一九四九年七、八月間出現國共勢力反復爭持的複雜局面下，得到大量民眾多方掩護，使我們全家安全度過了那可能隨時發生劫難的一段時期。

對於我們全家在這次預想不到的大難中毫髮未損，連群眾都感到稱奇。先父母更感冥冥中似有無形的保護！由於母親此前已是個虔誠的基督徒，她更認為這無疑就是上帝的恩典，上帝在天保佑著我們全家。

以前母親也有勸說先父信教，由於沒有說服力強的理由，所以沒有成功。這次「逃難」，母親覺得是說服先父信教很好的時機，於是她把握這一機會勸說先父皈依基督！一向對神佛不屑於相信的先父，也難以解析這次逃難何以會有此奇蹟！只知道母親的確在此逃難過程中每況都勤於祈禱，於是聽從母親勸說，改變信仰，同意入教，於是就發生了上面所描述的在河中受洗的情況。原來執行這一受洗儀式的是專門從梅縣東門教堂前來的黃牧師一行，經此洗禮之後先父從此成了正式基督徒。

我的母親名叫李燕桂，一九一〇年生於離我們東石涼亭不遠的茅寮棚。我的外祖父是鄉間一個「師爺」，專門幫人家寫「狀紙」的，也就是一個小知識分子。先母生來聰敏可愛，深得我外祖父喜愛，在當時鄉間民眾對新式學校教育甚不瞭解，不很接受的情況下，外祖父竟然讓她上剛剛開設的新式學校。先母在學校表現突出，除了學習優秀，也很活躍。母親曾回憶說：學校第一次舉行運動會，她參加跑步比賽，因為一切都新辦，跑步多少距離記不清了，但她記得是不分男女的，並且母親竟然得了第一。外祖父見先母學習和體育都如此出色，就讓先母到梅縣《廣益女中》上學。《廣益女中》是美國人辦的教會學校，這可能是母親與基督教交上緣分的始因吧。

一九三〇年，先祖父已去世經年，先父三十一歲了尚未結婚，我的姑婆林演存於是為先父做主，想盡快讓先父成家。千挑萬揀最後擬娶平遠大柘姚姓名門閨秀給先父，雙方家長已基本敲定。畢竟姑姑林演存是平遠第一個留日女學生，接觸外面世界較早，思想開放，知道先父也是北大畢業，不能採用比較保守的「盲婚啞嫁」，因此就安排讓先父與姚家姑娘先見一面，以便徵得先父的同意。當時母親比父親小十一歲，她是姚姑娘的「閨蜜」，姚姑娘本來是請先母陪她去相親，怎知先父卻看中了先母，演存姑婆只好費了不少口舌退了姚家姑娘，讓先父與母親結為夫妻。

母親與父親結婚後在廣州合照。

婚後母親與先父去了廣州，母親剛離開學校不久，覺得自己文化不夠，就入廣州《執信女子中學》繼續念完高中。後來先父回平遠當縣長，先母又隨同返回平遠。

先母嫁給先父之後，雖然做了縣長夫人，家中並無使用很多傭人，一個終身不嫁的外甥女林菊仙主動忠心跟隨她，幫忙打理家頭細務，承擔了家中主要體力勞動。但是先父公務繁忙家中其餘各種事情包括經濟划算、子女教育等家庭瑣事還是由先母主持和解決。農忙時節間中還會到家中耕種的田裡幫忙。

先父的性格是特別在乎維護林家家風名聲的，先母是接受新式教育的女性，還有她善良寬厚的本性，因此先母理解和支持先父理念。先母在社會上為人做事十分謙厚和檢點，從來不依仗權勢去達到自己利益甚或欺負他人。

十多年內先母生育子女七個（最大女孩早殤），我們兄弟姐妹尚未成年自立的青黃不接之時，讀書生活都要用錢，先父的清廉使其工資經常入不敷出，好在姑姑林瑋把先父子女視為己出，全力幫忙負擔。而且姑姑在馬來亞霹靂女子中小學校擔任校長，收入較好，寄回來支持先父一家生活的錢，家中經常用不完，於是積攢了一點餘錢，先母曾想以此錢給姑姑置點田產，先父即力加阻止，先父的原則是，祖上已置的那點田產我們不「了」掉就可以了，因為田租需用於支援家族中許多子弟的學費，根本沒錢餘下幫補他用，但也絕不去購置新的田產，以收取田租。至於以後家中後代，先父認為應讓他們自食其力，這與先父接受過「五四」運動新思想的薰陶有直接關係。所以作為「縣太爺」的家，在先母操持下，生活水準與當地農村很平常的中等水準相去不遠，更絕無窮奢極侈的情況。這些在當年的平遠都是有口皆碑的。

此外母親所處時代是軍閥混戰、抗戰與內戰時期，社會經常不很穩定，又處山區，雖然有幫忙的人，畢竟還是很多煩惱之處。尤其平遠「解放」前後幾年，父親接受三叔公林震舊部意見，借自己在平遠的影響，毅然為平遠的「和平解放」出力，這當中先母是堅決支持先父的，做了很多掩護、協助工作，例如出來組織婦女、幫做掃盲工作等。母親也因此受了很多驚嚇，冒了很多危險，吃了很大苦頭，這種情況上面拙文已做介紹，在此就不再多贅。總之先母嫁給先父，因時代關係吧，她一生「清福」沒怎麼享過而磨難卻多多。

先母當年主要參與的社會活動，就是自覺幫助基督教傳教工作。當年有從美國來的傳教人士，通過梅縣教會成功讓先母皈依了基督教，母親很快成了一個虔誠的教徒，先母花費大量精力積極幫組教會在平遠東石組織教會，吸收發展教徒。

先母一生最大的優點還在於她識大體、懂大道理，為了家庭與子女可以默默犧牲一切，忍受一切。「解放」以後，母親隨父親又來到廣州，這時先父已不是以前的「縣太爺」了，被安排到廣州《南方大學》學習，母親就在省政府招待所做清潔勤務，先母帶著我住在八個人的集體宿舍，我與先母共用一張「轆架床」，我上她下，先母毫無意見，欣然適應。後來公家讓她退職，母親拿了點退職費就出到社會。母親很快就先幫工作繁忙的姑姑料理生活，大哥畢業又幫大哥打理家務，毫不計較。先母帶大哥大女兒林鷗時常申請去香港訪問嫂嫂的父母。文革前夕先母仍在香港，親家老爺覺察到國內情況趨緊，尤其不甚適合小孩，不如讓先母帶著小孩就留在香港，為此已談妥一間士多讓先母可以自食其力。可是先母卻婉言相謝，說：「我六個子女都在大陸，我怎捨得離開他們一人在此？」回來廣州正值全國文革「大好革命形勢進展很快」，進行暴風驟雨式的「階級清理運動」，把城中「成分不好」的強迫押回原籍。母親見到此況，感到如不自動返鄉，等紅衛兵來趕、甚或押送，對在職、在校子女的政治影響絕無好處。於是毅然提出自動返回鄉下。在當時的政治態勢下，家人只好同意。不到一天先母就收拾好行裝，第二天一早坐車返回平遠。要知道這時先母其實已在廣州連續生活十六年了，她幫助了大部分子女長大成人，學有所成或成了國家幹部，最小的我都已經大學四年級了！

記得母親回鄉下後第二天，一直由母親帶著的才三歲多的大哥二女兒林宇，不停哭泣地喊著：「我要啊嘛、我要啊嘛……」嗚呼！天真爛漫幼兒在和平時代，何至要受社會浩劫殃及？想起當時情景，至今淒然心酸！

在鄉下母親經歷了最驚心動魄的一九七一年農村清理階級隊伍運動，那是文革左到最極端的時期，楊繼繩先生的《墓碑》詳細記載了當時全國各地情況，母親遇到的正是這個情況在我們鄉下的2.0版。若不是遠房同宗、生產隊隊長「阿紹二叔」有較高的政策、文化水平，對母親執行正常政策，使母親避免像堂叔代齡那樣遭受一場劫難，母親可能就永遠回不了廣州與我們兄弟姐妹相見了。

母親堅強地在鄉下參加勞動，經常背著大孫女林鷗送的膠水壺，她沒有忘記為了自己兒孫的前途，她可以犧牲一切，他相信一定會有好起來的一天。果然鄧小平先生倡導的偉大改革開放後，母親按國家政策又回到廣州與家人團聚了，她見到我們經常說的一句話就是「你看劉少奇尚且如此，我們算得了什麼！」表現了一個純粹基督徒原諒他人的高尚品格以及她一向識大體、懂大道理和寬容大量的心胸。

她老人家對自己的信仰更熱誠，很快與過去廣州東山教友取得聯繫，更積極參與政府許可的教會活動，在我們面前經常感謝主耶穌基督在冥冥中給予的保佑。我們兄弟姐妹除了大姐幾乎都沒有跟隨他老人家的信仰，她就經常禱告祈求耶穌基督原諒她子女的罪過，她把子女給她的錢，拿出很大部分寄回平遠東石，協助東石教友租用一個屋子可以做禮拜。

母親晚年照。

一九九〇年中，年已八旬的親愛的母親離我們而去，廣州東山區教會為他舉行了基督教彌撒儀式，希望她在天國、在父親的陪伴下，能安息在主耶穌溫暖的懷抱裡吧！

最後要說的是，我是母親最小的一個孩子，母親一生最疼愛、最關照記掛的就是我，而最不懂孝道的也是我，此言絕非做作。我深知一切已成過去，罪惡也已造成，悔改只是枉然，我願意接受上天因此給予的任何責罰。

林瑋校長——一位值得永遠懷念與尊敬的人 九

紀曾為霹靂育才、霹靂女校第三屆嘉年華會會刊撰寫

林瑋，廣東省平原縣人，一位剛毅，正直，廉潔，愛國，終生不渝獻身於教育事業的女性，從一九三五年至一九五〇年，除馬島淪陷於日寇期間外，他出任馬來西亞怡保吡叻女子中學校長達十一年之久，成績卓著，飲譽馬島，為華僑教育事業作出了重要貢獻，在她一生的事業中，佔有特殊重要的位置。

一九三二年夏，林瑋先生畢業於國立北平師範大學教育系，次年春年回到廣州，先後任廣州師範和中山大學附小教師，當時軍閥當權，政局動蕩，林先生極端不滿於政治腐敗社會浮囂之現狀，更遑論實現教育救國之抱負，一九三五年冬，適有時任吡叻女子中學校董會董事長的華僑領袖梁燊南先生回國考察，經友人推薦相識，深談之余，林先生仰慕梁先生以德高望重之身，為華僑教育事業而操勞奔波，真誠辦學之品格；梁先生則讚賞林先生年輕有為，才華出眾，有為教育事業獻身的精神，一拍即合，立即任聘，林先生在一週之內辦好手續，以一孤身女子隨梁先生南渡，來到人地生疏，無親無故的怡保，開創她苦苦追求的事業，時年僅二十八歲，即此已可看出，林先生那種為了事業，不畏艱難，執著果斷，勇往直前的可貴精神。

吡叻女子中學是三年前（即一九三二年）由公立的怡保女子小學改辦的。由於初辦，人事複雜，意見分歧，以至風潮迭起，未入正軌。林先生有察於此，乃於長校伊始，即公開聲明，凡用人行政，不分畛域，不分親故，所有舊教職員一概留任，俟半年考勤後再定去留，與此同時，林先生一方面對所有教職員工（包括工人）從工作到生活關懷備至，幫助他們排憂解難；另方面又通過各種場合，如教務會議，大力倡導敬業精神，苦心勸導未能盡職的員工不可自棄。當時社會上存在「不窮不當教書匠」的錯誤觀念，一些教員抱有「臨時就業」的思想。針對這些不良觀念和思想，林先生經常理深情至地宣傳教育為社會發展之本，教師是高尚職業的道理，提出既為人師表，切不可籍教育為過渡之橋樑，敷衍塞責，誤人子弟，貽害社會。林先生作為一校之長，勤勞操作，恪盡職守，為了深入實際，提高教育質量，她常兼課講學，且十分認真，甚至在小節問題上，也一貫的嚴於律己，由於林先生處處皆能身體力行，親當表率，平日勤於工作，廉潔奉公；對於同仁部署，總是待人以誠，處事公允，不分親疏，一視同仁，既不苛求於前，又不放縱於後，深得教職員工的的擁戴，從而一改舊日教職員工中離散疲倦的狀態，形成團結一致，各盡職責，積極向上的風氣，為改變學校面貌打下了良好深厚的基礎。

教育之成敗，最終體現於學生素質高低，林先生主張對學生素質評價應持全面觀點，即須德，智，體全面發展，方能立足於社會，為社會作為最大的貢獻，林先生為此而殫精竭慮。他發揮教師的積極作用，努力提高教學質量;整頓教學秩序，嚴格課堂紀律，要求學生刻苦學習。她十分重視學生的道德教育，要求學生做一個道德良好，品行高尚的人。例如，她嚴禁學生習尚奢華，要求她們培養質樸耐勞的品質；她一方面鼓勵學生在學習課本之餘，應多操作家庭勞務，另方面開設手工勞作課程，既培養學生勞作的興趣和習慣，又提高他們工藝製作的技巧，取得了十分良好的效果。

女中曾多次舉辦手工成品展覽會，工藝精美，琳琅滿目，深受社會各界的關注和讚揚。林先生也十分重視體育和文娛，認為健康的身心是人生事業的基礎。同時，體育文娛活動也十分有助於培養和發揮青少年生動活潑，刻苦剛毅的性格，他精心安排體育音樂等課程，組織和訓練學校各種體育代表隊伍和文娛團體。例如，學校每年舉辦的運動會，總是十分熱烈而又秩序井然，而且總能取得良好的運動成績。吡叻女中的田徑隊，籃球隊則曾蜚聲馬島，備受推崇。這與林先生平日極端重視體育，甚至每逢重要體育賽事，總要親臨督陣鼓勵有加是分不開的。

從林先生出任女中校長後，即以其對教育事業的高度忠誠，對社會，家長學生的高度責任感；以其對教育內涵的深刻理解；以其克己奉公，作風正派，嚴謹治學，雷厲風行之風格，克服許多困難，全面治理學校。時不經年，吡叻女中的校風即為之一振，面貌為之一新，校務蒸蒸日上。上至社會賢達，下至普羅大眾，無不為之嘖嘖稱道。據說，當時女中學生身穿樸素，整潔，大方的校服在大街上行走，皆為人們刮目相看云云。

林先生還十分重視與校董事會之間的關係，作為校長，乃為校董事會所聘。但他在董事會面前即不卑不亢，也不驕不橫，只以自己真誠的態度，認真負責的精神，以其辦學的成績來取得董事會的認可與支持。事實上，董事會對於其業績讚賞有加，在工作上，經費上給予大力支持，相互之間關係十分融洽。這對學校的不斷發展，無疑起到十分關鍵的作用。當時，董事會聘任校長的關約為一年一任。由於對林先生的工作十分滿意，此後便年年續聘。

值得一提的是，吡叻育才中學於吡叻女子中學同屬一個董事會，是姐妹學校，也是怡保最高男，女華文學府。時任育才中學校長的蔡任平先生，資深德重，經驗豐富，林先生尊稱其為長輩，經常拜訪。成為忘年之交。這對林先生的事業成就也是極有幫助的。

一九三七年，國內發生「七・七」盧溝橋事變，日寇凶相畢露，窮兵黷武，侵佔華北，祖國發動全面抗戰，舉國上下，熱血沸騰，掀起壯烈的救亡運動。華僑素以愛國著稱，當祖國處於生死存亡之際，也立即掀起抗日救國高潮，教育界情緒尤為高漲。林先生的愛國精神乃盡人皆知，平日在校，即常進行愛國教育。據林先生自述，她自讀中學起，即歷經各種喪權辱國之事件，如五卅慘案，濟南慘案等始終難以忘懷，痛感祖國衰弱，不斷受日寇及其他帝國主義之欺凌，凡稍有熱血的人，無不義憤填胸。如今日寇竟慾亡我中華，豈能忍受。而在此危亡之秋，眼見全國民眾和海外華僑，萬眾一心，奮起反抗，又極為振奮。當時馬來亞著名愛國僑領陳嘉庚先生倡導組成抗日籌賑機構「南洋華僑籌賑祖國難民總會」，籌集資金，支援組織抗戰。林先生立即傾盡全力，積極響應。他首先在學校開展抗日救國的教育，並帶動廣大師生走出校門向廣大僑胞宣傳抗日救國的道理。同時，她領導全校師生大力開展籌賑活動。他在教務會議上提出並議決教職員工每月捐獻薪金百分之十，學生則舉行自由日捐，每逢紀念日，節日，組織頗具規模的各種特捐，義賣活動，如賣花，賣食物，拍賣學生手工藝作品等。當時吡叻女中已由初中增辦至高中及簡易師範。學生人數由原三〇〇多增至七〇〇多人。由於師生們熱情高漲，各種活動搞得轟轟烈烈，有聲有色籌集的款項亦相當可觀，皆悉數上交「南僑總會」，支援祖國抗戰，這些活動一直堅持不斷，直至馬島淪陷為止。

林先生從一九三六年春始任女中校長之職，一致延續至一九四一年馬島淪陷為止，歷時六年之久！其中，主聘林先生長校的董事長梁燊南先生於一九三八年去世，由張珠先生繼任董事長之職。梁先生為客籍人士，與林先生有同鄉之誼，張先生則為廣府籍人士，但張先生開明豁達，不為當時華僑社會普遍存在的狹隘地域觀念所束縛，以事業為上，重視人才，重視業績，一直誠聘林先生留任。

一九四一年秋，日寇入侵，馬來亞淪陷，學校停辦，一個恐怖，黑暗的時期突然降臨，國家危難，事業挫折，此時的林先生，真是悲憤欲絕！她常以秋瑾為楷模，曾考慮北返神州，血戰沙場，報效祖國，但因種種原因，未能成行，此外，林先生平日只知嘔心瀝血，清廉辦學，以至身無積蓄，生活也陷入了困境。幸得不少學生及家長以貧濟困，給予珍貴的幫助，才得以勉強度日。

怡保淪陷一年後，日寇為維持其強盜統治，粉飾太平，指令複辦學校，並誘林先生繼續出任吡叻女中校長，林先生胸懷民族大義，對日寇恨之入骨，豈能奴顏媚骨為其服務，她甘居貧困，毅然不就。為避免日寇加害，他一面託詞稱疾，無力辦校，一面在學生家長的協助下，迅即於淪陷以來一直與他共度艱難歲月的原女中教師廖珣英女士逃離怡保，避居於偏遠山村。這是一段更加艱難的歲月！兩個弱女子，體力不濟，沒有勞動技能，在陌生的窮山溝求生！然而，剛毅的性格促使他們頑強的生活下去，並堅信日寇必敗。他們一面充任農家子弟的家庭教師，換取糊口之需，一面從新學習體力勞動，養雞種菜砍柴做飯，皆親力親為，個中艱難，無須細述。

在這幾年中，林先生所表現的剛毅，愛國，不是強權，不為貧困，沒有絲毫的奴顏媚骨，置民族大義於第一位的高風亮節，一直為怡保廣大僑胞傳頌。

一九四五年，日本帝國主義終於投降，迎來了久盼的和平。林先生協同廖珣英女士又回到了怡保，久經戰亂，市面一片蕭條，昔日美麗的女中校園也顯的滿目荒涼，真是百廢待興。林先生目睹華僑子弟於淪陷時荒廢學業，十分痛心，乃斷然在萬分窮困的條件下，同部分舊日教職員工披荊斬棘排除萬難，恢復學校。此舉可謂吡叻女中的第二次創業，因為一切都要從頭做起，其時董事星散，經濟無人負責，校中書籍教具又復蕩然無存，所有吃醋支出全靠學費維持，經費極端拮據，不能多聘教員，一切因陋就簡，所幸大家經歷數年淪陷生活之後，對於無國的痛苦及勞動的可貴，均有更深的體會，亦促發他們儘快復校的強烈願望。在林先生的帶領下，全體同仁團結協作，同心同德，少拿薪水，多做工作，毫無怨言。林先生尤為辛苦，不僅千頭萬緒，要事事籌劃，而且辦事十分認真，事無巨細，總是帶頭實幹，親力親為。只經過極短時間艱苦緊張的籌備，即於是年十一月復校開課，這實在近於奇蹟！

復校之初，在提高教育質量上的最大問題是缺乏教師。林先生除發揚其一貫關懷愛護教職員工的作風，使他們團結一致，盡心盡職之外，還特別尊重和重用經驗豐富的老教師，如爾後出任過女中校長的姚憒南教師和溫慧梅教師等，讓他們充分發揮楷模和指導的作用，同時又精心挑選和刻意培養年輕教師，使之儘快成為教學中的骨幹力量。

經歷了淪陷時期的浩劫，經歷了和平後復校期間的奮鬥，吡叻女中又獲得了新生，並迅速重現著她昔日的光彩。林先生功不可歿！

正當女中校務再次蒸蒸日上，林先生為女中更上一層樓而運籌謀劃的時候，不期而至的一些偶然因素，促使他的人生旅途發生了新的轉折。

事緣林先生一貫追求進步，熱誠愛國。一九四九年後，祖國已由共產黨執政。而當時馬英當局乃殖民政權，對中共政權持敵視態度。林先生是矢志於教育，對政治並不熱心。但在此複雜的政治情勢之中，以她剛正不阿，不受任何人支配的性格，作風，就不可避免地為馬英當局所不容。從一九四九年六月起，馬英當局政治部人員開始向林先生尋釁，橫生枝節，無中生有，諸多事端，至九月底發展到暗中監視，公開傳訊，令人氣憤之極。此外，還策劃育才，女中合併，以圖排擠蔡任平和林瑋兩位資深校長。至此，林先生已深感馬英統治下的政治黑暗，自己已受到殖民地政府無形的迫害，難於安身。與此同時，又不斷傳來剛獲解放的祖國政局穩定，社會安寧，但又百廢待興急須建設。在此複雜的情勢之中，林先生出於一貫愛國的真誠，萌生回國參與建設的心念。後來林先生曾多次談及：「當時的去留與否，是我一生中最困難，最痛苦的決策。去，女中是我半生心血事業之所在。同事，學生，家長皆感情深厚，實不忍決然舍去；留，或可保衣食豐厚，但須聽命於殖民地當局，乃至為虎作倀，我斷然不能接受！否則，即使殖民當局不敢加害於我，而日後工作，必將受盡阻扼，所言辦學，將徒托空言。」林先生以極端矛盾痛苦之心情思慮再三，終覺留下於事無益，回國尚能另闢新路，乃毅然於一九五〇年底關約期滿之時向校董事會提出辭呈。由於董事們不知內情（林先生亦無法言明），深感突然，堅決挽留。但林先生一再聲明，此乃深思熟慮，痛下決心之舉。最後董事會議議決：不許辭職，只給三個月假期，回國探親。就這樣，林先生於次年春天，偕志同道合的原女中教師的朱文鈿女士、廖珣英女士，帶著深深的遺憾，也帶著新的憧憬，一步一回頭地離開了女中，離開了怡保，回到了闊別的祖國。回國後，即致函女中董事會，言明不可能再返校履職，並望另擇賢明。董事會曾一再促返，但已不可逆轉。董事會深感遺憾，但表示理解，並議決聘姚奮南先生為代理校長。林先生事後曾心存內疚地談到：「我生平就做了這一件違心的事，決意不回馬島而不敢實言，令董事會失望，但實出無奈啊！」

一九五〇年阿姑剛從馬來亞回國與其長兄即我父親在廣州合影。

林先生回國之後，曾在北京受到當時國家領導人李濟琛，何香凝的接見，甚為隆重。旋即返回廣州，被委任為廣州師範專科學生副校長，並先後出任廣東省教育廳中教科主任科員，科長，廣東師範學校教務科長兼教材科長，廣州市第三十二中學副校長等職，一直工作在教育領域，直至一九七二年六十五歲退休為止。林先生回國二十多年中，不論在何種崗位，不論職位高低，總是滿腔熱誠，兢兢業業，醉心於工作且多有建樹，工作中總是嚴於律己，寬以待人，或有挫折，泰然處之，或有成績，淡泊以待，深得上下同事的讚譽與尊敬。

林先生專於事業，終身未婚。她鼎力培養胞兄林公頓所遺六個子女，視為己出。他（她）們亦沐恩自愛，各有所成，皆尊林先生為親生父母。她晚年並不孤寂，親朋相聚，兒孫繞膝，享受天倫。

林先生於一九八〇年因心臟病去逝，享年七十三歲。因其一生業績，在葬禮中有各界人士，親朋好友數百人同聲哀悼，為她送行。記得臨終前他對家人說：「我對自己的一生是滿意的。人生曲折，當屬自然。我能為自己心愛的教育事業奮鬥終生並小有成績，就十分滿足了。唯一遺憾的是，沒有機會返回吡叻女中看看。」一言之戚戚，可見他對吡叻女中的感情至深！

綜觀林先生一生，雖無驚世之作，壯烈之舉，但她自始自終勤奮自勵，善良正直，謙虛謹慎，品德高尚；對事業孜孜以求，剛毅果斷，勇往直前，為社會，為人民作出了應有的貢獻。她——林瑋先生，是一位值得後人永遠尊敬和懷念的既平凡，又偉大的人。

筆者即前述林先生內侄之一。他培養我畢業於北京大學，現在廣東省地震局任副局長兼地球物理學教授之職。在她生前，我一直與他同住，並與兄弟姐妹們一起為其送終。本文資料或尤其生前好友廖珣英女士，朱文鈿女士等多人提供，或來自本人遺留和他人撰寫的文字材料及筆者與其共同生活時所聞。為尊重怡保廣大僑胞及其親朋好友，學生，家長對她習慣性的尊稱，文中亦以「先生」稱之。本文也謹作為筆者夫婦及兄弟姊妹借育才，女中嘉年華出版特刊之際，對我們至親摯愛的林瑋姑姑表示深切懷念！

一九九七年七月於廣州（二〇一七年一月二十日打字）

十　懷念阿姑林瑋

姑姑林瑋是先父的妹妹，按廣東人習慣我應叫她：「姑姐」，但在家中我們都習慣叫她「阿姑」。雖然我很小已接觸她，但她在我心目中一直是個嚴肅的長者。阿姑生於前清覆滅民國初建時期（一九〇八年），所以在她成長的年代還有比較濃鬱的傳統思想影響她。但同時在她成長期間：父親、三叔和演存姑姑都積極投入中山先生民主革命，並可說貢獻良多。父親又是平遠「教育四傑」，對新式教育的推廣也做出頗大貢獻。姑姑演存則掙脫封建桎梏，留學日本，學醫有成，回北京協助熊希齡建立香山慈幼園，為社會慈善做出貢獻，還對侄子士諤等無私撫養和培育。還有大哥振齡兄就讀於北京大學，深受「五四」思想薰陶，而她本人也就讀於北京女子師範大學，聽過魯迅先生講課。綜上情況阿姑也深受現代進步思想薰陶，早有好女子不讓鬚眉的氣度。所以從年輕時候起阿姑就不是一個甘於依附男性做個小家庭主婦的世俗女性，而是一個有抱負、有志向、決心向上輩學習，立志獻身教育事業的「女漢子」。因此阿姑的人生，一方面有比較強烈的家族觀念、家族榮譽感，另方面又具有許多現代進步女性積極向上、為社會做出有益貢獻的抱負。阿姑的這兩種思想主宰了她一生的作為，使她一生成功地做了兩件事：第一件事是對教育事業的貢獻，第二件事是幫其長兄，即我的父親撫養了子女。可以說阿姑基本實現了她人生的抱負，不要低估阿姑這些成就，這是一個看似平凡的實則偉大的成就！我們這一輩又有幾個能實現此等成就呢!?

一九四八年十二月林瑋校長與第二十三屆畢業班同學合影。
（右一，廖珣英、右四，朱文鈿、右五林瑋校長；後來他們一起回中國。）

第一件事又分兩個階段，第一個階段在馬來西亞，即擔任霹靂女子中小學校長十多年的期間。阿姑正值盛年，帶領學校員工把一個未很完善的學校辦得生氣勃勃，為當地教育事業做出了很大貢獻。

第二個階段是五〇年從馬來亞回國之後對新中國的貢獻。阿姑回國後先到北京見了李濟深，由李濟深介紹回粵省教育廳，在中教科擔任中教科科長，掌管整個廣東省的中等教育事務。阿姑任職多年，積極工作，努力爭取進步。由於當年國內眾所周知的政治情況，阿姑不但沒有越做越受重用，反而是每況愈下，不是她工作有問題，而是他的「出身」、「社會關係」形成對她不公的對待。但是阿姑毫無怨言，依然對國家充滿熱愛和信任，甚至在受到無端懷疑打擊情況下，依然兢兢業業做好本職工作。這一段時期的情況，二哥在上一篇文章中已有詳述，在此就不多贅了。

阿姑對長兄名下六名子女的培養，我們兄弟姐妹無不感銘於心。正在我們處於接受教育的成長階段，先父的現狀已不可能支持我們的教育和生活。於是大哥、二哥、三姐的大學均由阿姑全額負責，大姐因早年出來工作耽誤了上大學，但阿姑一再表示如大姐想辭工唸大學她會負責支持。二姐因各種原因上業餘大學，阿姑也對其關懷幫助，我本人有大姐支持讀大學，同樣得到阿姑各種幫助。

記得……我住在阿姑家時，她曾對我說過原來粵叔當年得到粵省公費留美，她也曾為此奔走過。因為粵叔時在交大畢業，雖成績很好但畢竟交大在上海，不屬廣東。而粵省公費名額並非很多，也很珍貴。阿姑於是隻身跑去找陳濟棠，陳濟棠原不想見她，只是秘書說來的是一位儀容不凡的小姐，自稱是粵軍前輩林震將軍的女兒（三叔婆沒女兒，很喜歡阿姑，於是過繼了）。陳濟棠對前陸軍小學校長林震將軍當然熟悉，於是專門到等待室門外通過半掩的門張望了一下。只見裡面等待的年輕女子儀態端莊、淳樸可愛、從容的外表一副大家閨秀的氣質，不愧是林將軍的女兒！於是接見了阿姑，並馬上同意給一個粵省留美名額，還是學飛機製造的……！

阿姑離我們已經近四十年了，我們至今無不想念她的恩典。筆者在參觀「霹靂育才・霹靂女校」時，填了一首詞並有幾句說明，現抄錄如下：

我的姑姑林秀珍即林瑋先生，早年畢業於北京女子師範大學中文系。後應邀到馬來亞從事教育，在怡寶《霹靂女子中小學》任校長十餘年，為當地華人教育事業貢獻良多。

林瑋先生一生未婚，稟性純良、正直愛國，實乃那個時代一位巾幗英雄。她除一心撲實於教育事業，還全力支助侄輩成長，故尤值後輩紀念。

少時曾受阿姑庇蔭，惜本人乃凡夫俗子，慾報時而人不在。僅知阿姑昔日喜愛唐詩宋詞，故不避淺陋，試填詞一首（詞牌名：醉花蔭），獻阿姑在天之靈，無非以表懷念之情、感謝之心！

醉花蔭（**廣府話讀**）

飄洋過海十數載，青春獻馬來。
霹靂育英才，華阜留光，芳名今猶在。
曾因九州乾坤改，報國情難耐。
毅然歸故國，全心奉獻，只是您誰愛？
侄林慧曾敬獻

十一

真實的傳奇——紀念我的父親林士諤教授誕辰一百週年

德偉（鵬曾）

二〇一三年是我父親林士諤教授誕辰一百週年紀念，北京航空航太大學及相關學院領導都很重視，積極籌畫紀念事宜，在此非常感謝！

一九八七年父親逝世時，北航曾提供《林士諤傳略》一文給家屬，比較祥實介紹了他的一生。百渡網上介紹林士諤的相關資料及數學年鑒一九四三年的大事記都有相關記載，在此就不再重複，佔用篇幅。

下面將一些我所瞭解與父親林士諤相關的傳奇故事披露於下：

（一）祖父林震將軍在清末民初的重大革命貢獻與其婚姻

1. 積極追隨孫中山革命思想，在推翻清朝、創立民國的關鍵時刻立有殊勳

祖父林震，號叔慧，廣東平遠人。一八八六年生，一九二四年逝世，享年三十九歲。據史料

記載，他與客家同鄉，辛亥革命元勳之一的姚雨平同窗。清朝末年林震留學德國學習軍事，專習炮科。一九一一年秋回國後與姚雨平等參加同盟會，成為革命黨人。在參與廣州黃花崗起義失敗後祖父遭到追捕，是住在廣州開辦學堂的抗日護台英雄，林震與長兄林商翼的恩師和摯友，著名愛國詩人丘逢甲，收留了他們。丘逢甲以他們是自已學生的名義，使他們躲過被捕以至被害的一劫（時年二十七歲）。

西元一九一一年雙十，清末武昌起義成功，孫中山由美抵滬，在南京組織中華民國臨時政府。北洋悍將張勳率兵沿津浦路南下，企圖把革命政權消滅於搖籃之中，革命形勢岌岌可危。祖父與廣東辛亥革命元勳胡漢民、鄒魯、姚雨平等決定組成北伐軍，乘船北上抗擊張勳部。粵軍抵南京後，孫中山命令粵軍為中軍渡江北上，皖、淮兩軍左右協同迎擊張勳。

粵軍總指揮姚雨平坐鎮南京，祖父林震肩負前敵總指揮之職，後為中華人民共和國副主席的李濟深為參謀長率軍渡江。在徐州之南的固鎮及宿州，與南下氣勢洶洶的清軍張勳部大戰。祖父林震親赴第一線指揮作戰，他命令神炮營副營長嚴應魚親自向敵方指揮部開炮，險將張勳擊中，張逃往徐州，神炮營連長林化同奪得張勳黑龍帥旗，取得固鎮，宿州戰役大勝！由林震帶領的粵軍為主力的北伐軍，最後完全打敗張勳，攻下戰略重鎮徐州。張勳逃回濟南，袁世凱以此向隆裕皇后稟告「南軍也很能打」，實則以此迫使在北京的末代皇帝溥儀之母——隆裕皇太后同意退位，滿清王朝最終結束。這是孫中山為建立民國進行武裝鬥爭的第一次關鍵勝仗！因此才實現了南北議和，成立了中華民國。

在民初這次結束幾千年中國皇朝統治的北伐中，粵軍紀律嚴明，秋毫無犯，作戰勇猛，在諸路北伐軍中最受百姓歡迎擁戴，這都是祖父作戰英勇、治軍嚴明的原因。由於祖父們的傑出功績，孫中山親授金質勳章獎勵，升任林震為粵軍第二二師中將師長。

祖父後來病逝，孫中山先生特贈予水晶玻璃蓋棺材，葬於廣東平遠老家。孫中山為祖父手書對聯：「開國勳良（橫批），渡江留偉績（右聯），建國記殊勳（左聯）」。對聯後製成石碑豎於墓前以表其功。該石刻現在存放於廣東平遠縣博物館。他的革命功跡及他使用的指揮刀陳列於廣東梅洲將軍博物館。

下圖是由堂兄林意曾提供的對聯石碑拓本（實物存放於平遠縣博物館）：

2. 傳奇的婚姻

祖父年輕時原由家庭按父母之命訂下婚配，惜該女子早逝而

民國元年陸軍中將林震像

左：北伐後民國元年九月二十四日林震晉升為中將身穿將軍服之英姿。
右：在林震將軍墓前孫中山先生的手書對聯。

未成婚。

丘逢甲——反日保臺義士，臺灣唯一的進士，抗倭失敗後回祖籍蕉嶺後，在嘉應、潮汕從事教育，建立嶺東同文學校。祖父與其長兄林商翼均在該校學習。丘逢甲特別喜歡林震，認為他有做大事的素質，將其視為「偉器」。於是丘逢甲把大女兒丘淡許配給身材魁梧、英俊的林震。祖父本將迎娶丘淡，可惜丘淡也未婚而亡。但祖父仍認其為髮妻，死後將她按夫人待遇安葬，所以丘逢甲是祖父的岳丈大人。

北伐成功，民國初成，國家不堪軍費負擔，祖父與姚雨平等毅然倡議全軍解甲以減輕國家負擔。部屬瞭解祖父等的行為全出於對國家的至誠，因此得到支持而毫無怨言。在此期間，祖父接受了他的革命摯友鄧鏗（鄧仲元）將軍所介紹的、鄧將軍妻子的妹妹李兆春女士，祖父就在上海與李兆春女士成婚，所以祖父與鄧將軍成了「一擔挑」。後來鄧鏗被暗殺身亡，孫中山追授他上將軍階，至今廣州黃花崗烈士陵園立有鄧將軍的銅像。

知書達理賢慧的我奶奶李兆春（貞逸），很快為爺爺林震生養了兩個兒子。祖父很高興，親自為長子取名林士諤希望他一生正直，為次子取名林士驤希望他勇往直前，不斷進取……。士驤叔叔是一個畢業於清華電機系的愛國進步青年，對其影響很深的摯友竟然就是後來曾任過北航黨委書記的王振乾先生。

3. 祖父林震成為早期民國軍事教育家

祖父回粵後不久，孫中山更任命他為大本營高級參謀兼廣東陸軍小學校長（後改廣東陸軍速成學校），專門培養民國青年軍事人才。著名的抗日名將，鎮守上海的十九路軍總指揮廣東名將蔣光鼐就是他的門生，該校也是聞名於世的廣卅黃浦軍校的前身，校長為蔣中正。

祖父原部下李濟深，嚴應魚等都是孫中山革命政策的忠實執行者。嚴應魚後來在擔任第五次圍剿中央蘇區的少將旅長期間，在紅軍統戰工作的感召下，他給突圍的中央紅軍讓路，並贈子彈兩佰箱和大量食鹽，給予了長征中艱苦的紅軍重要支持！

敬愛的祖父林震當年親赴前線雪地指揮，受寒於肺，因那時醫療條件所限，久治不愈，一九二三年二月二十三日終於咯血故亡。祖父是辛亥革命元勳之一，民國初年孫中山的忠勇戰將，民國初期的軍事教育家。

4. 我的姑婆革命女傑林演存

爺爺林震過世後，我奶奶林李兆春為了培養他的兩個後代離開安定生活的老家，萬裡投奔遠在北京的林演存。林演存何許人也？她是林震胞妹，林士諤的親姑姑。但她更是民國初期的革命女傑，是廣東平遠第一位赴日學醫的女留學生，她積極參加辛亥革命，是當時聞名的女紅十字軍的創辦人之一，為了北伐她隨兄參軍，成為有名的軍醫。她吸納一批女兵戰地救護，大大增強鐵軍的戰鬥力！勝利後她又為革命工作奔忙，終身未嫁。當時第一任民國總理熊希齡因與總統袁世凱不和，辭職改作教育和慈善事業，創辦了著名的香山慈幼院，首任世界紅十字會中華總會會長。為了收養遺孤培養人才，他特別邀請著名軍醫林演存作慈幼院的醫生並參與一些實際管理工作。在此種背景下，我奶奶帶著兩個孩子投奔到北平香山慈幼院與姑婆林演存共同生活學習，他們來到古都北平，從此開創了我父親林士諤後來的傳奇人生。

（二）我父親林士諤的傳奇人生

我父親林士諤號粵齡，廣東平遠人一九一三年七月一日生於廣州，一九八七年九月二十七日逝於北京，享年七十四歲。骨灰安放於北京八寶山革命公墓西一二室二五八號。

1. 我父親林士諤的幼年時期

他從小天資聰慧，記憶力超強。據傳說：他三歲就會講故事，把《三國演義》中的常山趙子龍單騎救阿斗，《岳飛傳》中的岳母刺字精忠報國講得頭頭是道，看他當眾表演，林震戰友很驚奇，曾獎勵銀元一枚給他。（其實這些故事都是母親哄他睡覺或平時講給他聽的，媽媽講得繪聲繪色，兒子就學得頭頭是道……）從小他生活在老家農村，對家鄉很有感情。他和一幫小朋友上房掏雀蛋，下河摸魚鱉很是開心！他是孩子王很淘氣頑皮，約五～六歲時，有次他騎在一頭母牛背上作怪，不小心驚嚇了老牛開始快走起來，圍看的同伴都呼大人快來救助，但他卻趴在牛背上緊抓牛毛……當路經土橋時，只見他一躍跳入河中，遊上岸來得到小朋友一片讚揚！但回家後卻挨了媽媽一頓打！還罰了站！以後再不敢逞能了！他天生數學好，上小學三～四年級時就會解算初中一些數學題，求知欲特強，愛看書，幾乎過目不忘，學習和考試對他就是一種享受，他愛當小老師，有時老師有事未到，他就上臺講雞兔同籠等四則應用題，講得頭頭是道，大家都愛聽！

2. 我父親林士諤的少年和青年時期

來到北京香山慈幼院的少年林士諤，很快追上學業，又成為同年級的第一名。兩年後他以優異成績考入當時北京著名的匯文中學，上初中高中時幾乎年年獲獎，成了有名的優等生。由於成績優異他由高一跳入高三提前一年畢業。一九三一年他同時被北平清華大學和上海交通大學錄取。後因上海交大能免學雜費及提供助學金，他選擇了離開親人所在的北平，去到陌生的大上海，當時兄弟二人都在匯文中學，生活來源主要依靠李濟深，姑姑林演存及客家同鄉會的資助。他心存感念之恩決心以優異成績來回報他們。

3. 上海交大時期的林士諤

上大學後最大感受是「天外有天，人外有人」.以前總認為自巳聰明，不用太費力總能拿到第一，但上大學後，才知道有了新天地，可學的東西太多太廣了，自已的能力有限要拿第一名很不容易！真是人上有人啊！（畢業時四年平均成績林士諤排名第二名，第一名是同班王宗淦）。上大學期間他不僅學業優良，還積極參加學校的社會活動，他當過校刊的社長兼總經理，並經常在刊物上發表一些文章如：《交大學生》前奏，《科學近訊》，《讀有望於工程學會者後》，《科學進訊》（無線電滅昆蟲），《生存競爭》等文章。還與同班好友馮名世合寫論文《太空中之波動》發表在校刊「論著欄」還曾擔任過工程學會的執委，是年級的蘭球，足球隊隊員，田徑比賽中愛推鉛球，愛游泳……總之他是一個全面發展的好學生。錢學森是該校拔尖學生，愛拉小提琴，學鐵路工程比林士諤高一年級畢業，一九三四年六月考取清華大學第二屆庚子賠款公費赴美留學，學習航空工

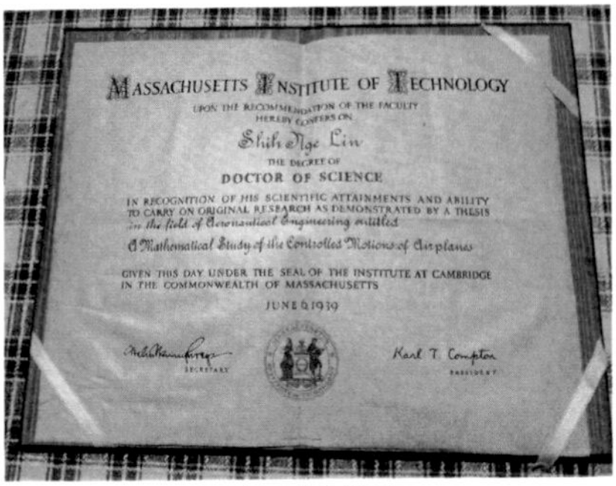

左：麻省理工的科學博士證書。
右：美國留學時期。

程。而我父親林士諤也畢業於當年，考取廣東省教育廳公費留美學習航空工程。

他們很巧都於一九三五年九月赴美國麻省理工大學航空研究院學習，成為同一學年的學友。但學習的專業不同，錢學森學空氣動力取得碩士學位後，轉其他名校攻讀博士學位……而我父親林士諤在麻省理工大學用四年攻讀了自控儀錶專業的碩士和博士學位……。不同的是林學成後即回國抗日，未留美繼續深造，然錢則留美學習和工作取得重大進展，終成為科學大家……。林士諤與錢學森是有緣份的，大學同校，留美又同學，他們雖走的路不同，但都熱愛祖國懷有強烈的中國夢，他們一生的事例和行為都證明於此，最終在國內他們又走到一起，這是後話。

我父一九三五年入學美國麻省理工學院讀研，僅用一年拿下碩士學位。而後他追隨成為世界著名航空自動控制專家的追伯博士的第一位博士研究生。由於林士諤非常出色地用了不到三年時間就高速高質量高水準完成了博士論文，並在應用數學領域解算高階方程難題中首創以中國人命名的林士諤法（林氏法），為解決航空自控穩定性的數學計算，乃至是現代計算機相關內容的軟體設計基礎，該方法仍舊不斷在發展提高！為此是得到世界著名學者專家，相關專業大辭典的認可和載入！例如美國世界著名自控專家教授追伯博士在他自己的講課中，文獻中就曾多次引用林士諤法，我國著名的科學家錢學深院士就曾稱：「林士諤也是我的老師，林士諤法很有用！」。世界數學年鑒、世界數學史大事記中在一九四三年的記載中唯一列出林士諤法為該年的大事件！林士諤與數學家華羅庚、陳省身、錢學深等不多的中國人都是世界數學史大事記中加以確認的傑出數學家。同時在中國數學家詞典中上述人名均被確認出現！林士諤是被確認數學家詞條的第四七一條，華羅庚是第二九五條，錢學深是第六一四條，陳省身是第一三五條等等。此外在數學專著、數值分析方法論著對林士諤法做了詳細介紹。總之這是在他人生二十六歲取得ＭＩＴ博士，精力最旺、學而至用到最高點時為世界文明數學領域作出了傑出貢獻，並發揮至今！獲得國內外專業人士的一致肯定和讚揚！評價他是為中國取得榮譽的中國數學家是當之無愧的！

4. 談談我父親林士諤的愛情史

一九三五年是我父親林士諤的福年，他不僅考取赴美留學還與同年級摯友劉福康的小九妹劉蓮娜相識，當時考第二名赴英學造船的劉福康也很高興，邀請我父親林士諤到上海家中作客，林一眼就相中劉的小九妹致此窮追不捨，以真誠和博學打動了她，開始了他們傳奇的愛情經歷。難以想像二個月後即將赴美留學的他，一去就是四年，又相隔萬裡不能見面，怎麼可能追上呢？再說小九妹當年只有十八歲（比林小四歲），在上海美專上學，活潑可愛，愛唱歌（女中音），會彈吉他，打

與劉蓮娜女士在香港結為連理。

網球但怕水不會游泳，常參加宣傳抗日的演唱和撒過抗日愛國傳單……，林瞭解小九妹的特點後拉著劉福康（後來成為與我家聯繫密切的二舅舅），隔三差五找小九妹玩，帶她去上海交大校園介紹自己的學習和生活，使她逐步瞭解自己及家世，取得她的好感和敬佩……終在九月赴美前初步確立了倆人的戀愛關係。

而後林在美留學四年中，不論有多麼緊張忙碌，每月至少一～二封情書寄給小九妹，報告自己的情況和思念，而小九妹也一封不差的珍藏於箱中，一直到北航建院初期還保留著這一百多封愛情珍品。據我媽講曾有一位在美國的華僑富商相中你爸，欲將女兒嫁給他但被他婉拒推掉。導師德雷伯也十分看好他，希望他畢業後留下參加他的實驗室工作團隊，許以優厚待遇。但國內航委會的錢昌祚代表政府赴美探望過他，希望他學成回國報效國家，不要忘了自己的身世，他當即應諾，並言有心上人在等他。果然他畢業後向導師德雷伯講明情況，得到理解和讚賞，支援他回國抗日祝他愛情圓滿。林回國後導師幫助他在ＭＩＴ著名雜誌上發表了林氏法的三篇重要論文並在自己著作中加以引用，對於他的恩師他永志不忘，認為他是最好的美國人，是心中的偶像！（中美建交改革開放後，導師德雷伯還來北航參觀過他的重點實驗室並作了學術報告，真是很有緣，師生倆人都在一九八七年先後逝世，到天國中再次聚會。）

5. 抗戰時期的林士諤

一九三九年底，我父親林士諤乘海輪返回祖國，並迅速在廣州灣迎取了久候的小九妹劉蓮娜，香港報紙登載了二十六歲的留美博士娶了二十二歲的靚女劉蓮娜，共赴抗日大後方成都的熱門消息。照相館徵得倆人同意，把他們的結婚照掛在正門前的大櫥窗中展示吸引顧客，並免了他們的照相費用。這對滿懷抗日激情的新婚夫婦高高興興的奔赴抗日新戰場！

一九四〇年初他們來到成都，被時任成都航空機械學校校長錢昌祚任命為高級班教授兼高級班班主任。他的學生不少成了中國航空界的骨幹如劉善本，他是駕機起義投奔延安的著名飛行員（後成為空軍少將，文革被迫害至死），一九六四年中國航空學會主席團合影前曾打過招呼，一笑而過心照不宣！

一九四一年三月五日他們在成都華西醫院迎來他們愛情的結晶，接產是一個美國醫生，當迎來一個健康大男嬰不久，飛機警報響起，所有人都需撤至防空洞，情況很亂！但我父親用英文與美國醫生交涉後，決定就地不動，醫生同意了。於是一家三口人緊抱一起，祈禱上帝保佑，終於

參加抗戰在成都。

順利渡過轟炸，孩子滿月後即帶寶寶去教堂接受洗禮牧師為孩子起名「大衛」，說他一生平安，而爸爸卻起名「德偉」希望他一生作一個品德優良的好人，此時爸爸最大遺憾是奶奶，姑婆見不到可愛的大孫子。

我父親林士諤帶著滿腔熱情把自已所學最新知識講授給高級班學員深受歡迎，但他不滿足於此，根據學員的要求和當時飛機急需解決的問題，設計發明了一款實用小巧的儀錶「膜盒式真空速度錶」，可幫助飛行員快速直觀掌握飛機航速，提高戰鬥力……為此獲當時航委會頒發的「光華發明獎」和獎金。此時他二九歲，而後一九四五年在航空研究院任研究員時他又搞出一項發明：「膜盒式高度錶」，和上款得獎儀錶一樣小巧實用。可助飛行員適時掌握飛行高度，這對飛行員提升戰鬥力是太重要了！此時他三十二歲。但卻遭到空軍頂頭上司的反對阻撓！你搞的東西沒用，得獎也裝不上！美國還沒有，哪能用你的！……這些崇洋媚外腐敗官僚讓他寒透心，為此他託美國飛行員把這項成果用中國林士諤的名子、帶去美國申請專利。萬沒想到此成果被美國人竊取，以美國人名義發表了，使他很生氣！沒想到美國人也有這樣無恥之徒！一九五八年他在國家級刊物《中國科學》上用英文發表了〈具有大氣溫度修正裝置氣壓式高度表的設計與試飛〉論文，以此回擊當年美國人的無恥，說明這種儀錶最早是中國人發明的！總結我父親林士諤的人生經歷從到美國留學算起：他二十六歲（林士諤法），二十九歲（膜盒式真空速度錶），三十二歲（膜盒式高度錶）幾乎每隔三年就誕生他的一項發明！是他人生創新發明的高峰期和黃金時代，是他身體，學識，精力的強盛期，……但在腐敗黑暗的國民黨空軍中有再多發明也無用，軍隊那一套他無法適應！經過思考他人生理想目標就是像他導師德雷伯那樣，即教書育人，培養出色的研究生，又有一個屬於他專業的強有力的研究室，可搞創新發明。綜合他一生的發明創造，應承認他是一位具有世界貢獻的科學家。

6. 進入教育系統的林士諤。

一九四六年在適當的機緣下，他「棄軍從教」脫離了空軍赴廈門大學航空系任教授兼系主任。從此他開始進入教育系統，向著德雷伯模式靠近，再次實現他人生的一次大轉身。此時他三十三歲。在廈大航空系他把所學所用編寫了教材，開設了「航空儀錶及設備」、「空氣動力學」、「空氣動力設計」，還準備開設「飛機動力學」、「振動力學」、「航空儀器學」。他在保證教學品質的前提下，開展「飛機控制後之安定性」專題研究……。可見當時廈大航空系是很有特點的！由該系培養出的尖子是後來北航教授，著名工程院院士張啟先，他被稱「機器人之父」。他曾多次到我家拜年，在我爸追悼會上對家屬說：「林先生是我們的恩師，他教學育人和科研精神

1985年6月，組建北航的原八院校航空系科領隊合影。從左至右：厦门大学林士谔、中央工专张锡圣、华北大学工学院王俊奎、清华大学沈元、云南大学王绍曾、西北工学院吴云书、四川大学赵世诚（时四川大学航空系领队为饶国璋，因饶已去世，由赵世诚代表该校）、北洋大学王洪星

北航建校八大功臣。

給我們留下深刻印象！」

7. 成立北航時期的林士諤

新中國誕生後，全國航空系進行大調整，我父親林士諤重回故地北京，任清華航空學院教授，並繼續開課講授該校的缺門課程：「航空儀錶及設備」。我們全家住進清華勝因院住宅區，他指著清華老校門說：「它仍然如故，但你們的奶奶和姑婆卻都不在了……真乃「時過境遷，物是人非」啊！一九五二年北航宣告成立，他是創建者之一，他以極大熱情投入建院工作，時任國家付主席的李濟深曾來航院視察，接見了他，鼓勵他為新中國航空事業作更大貢獻……他很受鼓午，以極大熱情爭分奪秒，夜以繼日翻譯和編寫大量教材，親自講授新專業課程，此後他還不斷在各種學報上發表論文，他在教學和科研學術上積極帶頭，對新專業的創建，對青年教師團隊的打造，對高品質的學生培養，都起到良好作用！他們的教

材，譯著，著作大都是團隊共同努力的成果，反映出艱苦創業，自力更生，團結一心的時代風貌（詳見附錄一）

8. 為國再次科研創新的林士諤。

一九五八年我父親林士諤教授再次迎來了人生又一次重大轉變：根據國家兩彈一星國防需要，他從教學講課轉到科研攻關創新發明，儘快搞出成果的重點上來。聽說錢學森曾建議我父親林士諤去五院搞「陀螺慣導」但他說，我更願意在大學紛圍中來搞，錢學森很尊重他的意願。當中蘇簽訂一二二項協作項目時，他作為該專業技術負責人赴蘇考查並請來相關專家，回校後積極籌建國內第一個「陀螺慣導研究室」，在錢學森的大力推薦下由林士諤親自擔任研究室主任。他根據國家的需要，充分發揮研究室團隊的攻關作用，取得了在蘇聯撤走專家，撕毀協議，三年困難時期，以及文革十年動亂衝擊下，仍取得了重大創新成果，滿足了國家國防的急需！雖經各種磨難，摧殘，打擊但他始終未曾倒下，堅強的活著！因為他心中有夢，有理想，有責任，覺得自巳活著還有用！

一九五八年以來他領導該研究室從事液浮陀螺及動力調諧陀螺的基本理論與研製工作並將成果移植至有關的研究所和工廠，如：與專業廠合作研製成功五二八液浮陀螺，與專業研究所合作研製了平臺慣導系統。

他主張科研必須為國民經濟服務，科技人員應投身生產實踐中與工廠和相關研究所結合解決難題。如：與地質儀錶廠合作，設計陀螺穩定平臺完成海底石油勘探裝置，通過鑒定，投入小批生產。甚至下放農村勞動，當地缺電，他就想用畜力搞「毛驢發電」，並作了成功實驗。在日常生活中，乾電池用完就扔掉，既浪費又很污染環境，他就在家作了幾百次試驗，找到解決辦法寫出試驗報告留待後人參考。鄧小平改革開放後，我父親林士諤再次煥發青春，他十分注意跟蹤國際科技發展新動向，及時出版相關著作，譯作和論文，及時和同步跟蹤上國外科技發展的前沿水準，在他影响下光纖，超導等新型陀螺儀和天文，捷聯慣導系統等專業都很快發展，處於國內領先地位。為本專業的快速發展打下良好基礎。總之他認為只要於國於民有利，就應努力去做，把智慧變成物質財富。

一九八五年北航紀念八大院系合并創建北航，八位帶隊人合影並各書題字，我父親林士諤寫到：「愛我中華，志在航太」這就是他一生最大的動力和夢想！（詳見附錄二）他人如其名，為人正直，正義，正派不搞邪門歪道；他厚德載物，包容世事，寬以待人嚴以律己；他頭腦記憶極佳，分析力很強卻不善「關係學」，也最不齒此道！

9. 晚年的林士諤。

我爸爸自一九三九年底回國與媽媽結婚，到他去世的一九八七年九月，老夫老妻相濡以沫共渡四十八個春秋，他們恩愛有佳，患難與共，雖未實現金婚，但也算幸福圓滿！他們積極參加了抗日戰爭，同時在一九四一年迎得長子「仔仔」，成了他倆的「開心果」和「苦中樂」，媽媽奶水不夠，爸爸就託人買了一頭奶羊補充奶水，稍大一點就帶兒子滿處照相，很是開心得意！有了孩子日子就過得生動有趣！不知不覺就取得抗戰勝利……。一九四八年已是廈大航空系教授及系主任的他，迎來了女兒「囡囡」實現了兒女雙全，全家非常高興！一九五四年在北航他又錦上添花得了次子「小寶」……，四十多歲的林士諤可謂「事業有成，家庭圓滿」！

但到了一九六六年，他們遭到人生最大一次衝擊和磨難，爸爸用下面三句話勸慰媽媽和教育

筆者遊歷紐西蘭皇后鎮的湖光山色。

我們：第一句話：「塞翁失馬焉知非福？」，第二句「比上不足，比下有餘」，第三句話最重要：「黑暗總會過去，光明一定到來！」，這些看似淺顯的理念，就是爸爸教我們當人生遇到重大困難和挫折時的「林士諤法」，他是我們的「傳家寶」。爸媽都是基督教徒，他們一生有信仰！這也是他們一生幸福的原因之一。願他們在天國安樂！

立於北京航空航太大學的林士諤銅像。

親愛的爸爸，您在我心裡就是「愛國，創新，包容，厚德」之楷模！您和爺爺、姑婆、李濟深、孫中山等革命前輩都是傳奇先驅！你們的故事一定會流傳下去！您的優良品質，科學精神，正派作風永遠活在我們心中！

中國航空界老一輩科學家、數學家；我國航空自動控制與陀螺慣導學科奠基人；著名航空航太自動控制學家和教育家、北航一級教授林士諤先生，我敬愛的父親永垂不朽！

二〇一七年一月十四日

參考資料

1. 林士諤傳略，航空工業史科第二十五輯，一九八七年一月，北京航空學院編。
2. 林震（北京大學國書館藏書：中國國民黨中央委員會黨史委員會編一九七七年版。革命人物第十七集，一一六～一一七頁。）
3. 叔慧公傳（平遠濟南林氏族譜卷二十四，傳奇七五—七七頁。）
4. 林震傳略（香港蕭丹編寫。八三～八八頁。）

十二　血色的太陽——追憶粵叔

（一）我與粵叔的交往

從小就知道我有一位「粵叔」，這個名字與他在社會上所用的「林士諤」不同，是他父親給他起的第一個名字吧。因為我們家族上一輩屬「齡」字輩，叔叔最先一個名字叫「林粵齡」，侄輩們都叫他「粵叔」。粵叔比我大三十歲，那時他在北京當教授，我在廣州做學生，那年代很難有機會出遠門，何況是到北京，簡直「難於上青天」！因此我拜見粵叔比較遲。

在未見這個遙遠的粵叔前，我這個「解放」後才開始上學，一直生活、學習局限在大陸，從「新中國」教育出來的眼光瞭解世界，對實際社會毫無閱歷的無知後輩，腦海裡只有從家人的講述中，知道粵叔的一些標誌性概念。那就是他是我的長輩中最有資格稱為科學家的一個了不起的人。他曾留學美國、是麻省理工博士、學飛機製造的、北航教授、曾發明解高次方程的「劈因法」，他在科學上取得的成就我們這一輩人是無法達到的。須知青少年時期，「北京、美國；麻省、北航；博士、教授、飛機製造還發明一個數學演算法」這些都是令人感到肅然起敬、遙不可及有點神祕以至不敢攀想的事情。姑姑林瑋還經常提到粵叔生活有點洋氣，如飯後喜歡吃一點「甜食」，說粵叔居住的北航教授小樓，「粵嬸」很會布置，窗簾是要經常更換的……等等！這種現在比較平常的事對年輕時期的我就難以想像了。總之用現代的話來說，粵叔在我心目中的概念是融合著敬佩和神祕、用現代的形容詞就是典型的「高、大、上」。

第一次有機會一睹粵叔廬山真面目，是我大學畢業被分配東北路過北京時，專門停留北京到北航拜見他老人家。雖然那時他已經不住教授樓，正處在被「文革」加害的嚴峻時期。我理解他不可能讓我在他已經很簡陋的家中停留更長時間，甚至吃一餐飯的無奈。但是他情緒正常地見了我，看不出有什麼異樣，或者不是沒有什麼「異樣」，而是那時剛進入社會的我，愚昧無知，沒有覺察到他受文革衝擊而潛藏於內心的抑鬱和痛苦。他詢問我關於廣州親人的近況、我的學科專業內容、分配情況。然後他親自送我走出北航，一邊走一邊介紹周圍的環境，直至把我送出校門。這次見面後粵叔給我的實際印像是身材魁梧、衣著樸素、談吐溫文爾雅，國語依然帶有多少平遠客家音，是個有客家人憨厚特色的智者和長輩。我心中琢磨，也許粵叔會相似於他的父親，那個同樣使我神祕、敬佩但早已逝去、曾經打敗清末辮帥張勳的、我的三叔公林震將軍……？

第二次到北航見粵叔是我在東北工作了一年以後回廣州探親那次，這次粵叔住的地方只剩一間房子了，我去時粵叔躺在床上，僅微微轉過頭打了個招呼，嬸嬸因不在而沒見到。我不敢在房子裡坐一坐，我只在門口看了一下，裡面一張大床，粵叔躺在哪裡，屋子裡很亂，堆了不少書。

這一切使我明白，這一年粵叔粵嬸肯定蒙受了不小打擊。在那年頭，一個大名鼎鼎的知識分子，雖然窮其一生只是沉浸於飛機儀錶技術。但父親林震在民國初年曾經的身分及顯赫地位、他的社會關係以及關聯家人的政治情況、在「萬惡的舊社會」居然可以得到官費留洋機會，並學飛機製造！又在「反動政權」國民黨的軍工廠幹過，估計甚至他教書的經歷也會被無理懷疑、無止境的追查……。一切「上綱上線」後肯定都會成為證明粵叔跟國民黨反動派千絲萬縷關係的「罪惡證據」，都是他免不了受重重打擊的原因。

所以「掃出」去住一個單間，抄家、挨鬥是不可避免了，父親林震有歷史價值的遺物（包括將軍服、打敗張勳後獲得的動章等等）被污蔑為期盼「變天」的證據，自己燒了、毀了或者被收繳殆盡，兒女們也逼得要劃清界限……！這些在那個時代過來的人一說就明白了。

此後在鄧小平複出改革開放之前，一直沒有與粵叔接觸聯繫。直到八〇年我被「放生」去香港，因路過北京才又見了他老人家一面，這時他已住在一間平房，裡面應該有兩室和廚房但沒廁所。我記得堂弟林捷帶我去小便，走十多分鐘後到一座圓形體育場看臺後面那斜斜的空間裡，那裡面設有小便槽、尿味極濃熏得難受。小便後回粵叔的「家」的半路上，小捷跟我說：中美開始交往啦，前一陣有一位美國波音公司高層，到北京與中國政府洽談業務。此人是華裔，粵叔美國的朋友（還是學生記不清），總之在美國就認識大名鼎鼎的粵叔，一定要見粵叔而且指明要到家。有關部門無奈只好同意，嬸嬸就在家設便飯招待。中間此君內急要上「洗手間」，如上所述，那時粵叔家沒有「洗手間」，只好由小捷帶去體育場那邊那個尿味熏天的地方。小解完了回來路上小捷好奇地問此君：「我爸現在住的地方跟美國平民窟比怎樣？」，此君斜眼對小傑一瞄，衝口而出：「平民窟都不如！」可憐一個國際知名、一心報國、搞技術的傑出才幹，無非僅僅是「家庭出身」不好，在「舊社會」做過事謀過生？那年頭被當「殘渣餘孽」糟蹋到如此地步。那些至今懷念文革的無恥一幫，在國家、民族面前你們何以解析，還有一點人類基本的良知嗎？

一九八七年中，因生意上的事與生意拍檔突然來到北京，我去找粵叔，才知粵叔已因病重住在醫院。我到醫院粵叔躺在病床上，靠醫療器械維持生命，在昏迷當中。陪去的德美對著粵叔說：

「慧曾從香港來看你了！」我感覺粵叔微微動了一下，顯然力圖起身，但很快就躺下去了。至今使我無比自責的是，第二天我竟然與同來的拍檔匆匆飛返香港，隨後就傳來粵叔過身的噩耗。後來每憶及此，心裡就有難言的內疚，覺得這實在是作為後輩的我做人的嚴重缺失！這與那時對上輩、對粵叔的瞭解過少、過遲，對他閃耀光芒的奮鬥人生欠缺詳細瞭解顯然有關；當然也與筆者思想層次不夠有關，沒有感悟到對林家很難再有的傑出親人的珍重和尊敬的意義！所以我今天憶述他，心情依然是遺憾和複雜，在充滿敬意的同時也總有一份莫名的歉意深埋於心。

（二）追憶粵叔彌補歉意

改革開放之初粵叔被承認是個「科學家」，由茅以升做「編輯顧問」的《中國科學家詞典》（現代第三分冊），把粵叔列入其中，比較詳細介紹了粵叔的成就。略讀此書，比較之下總覺得粵叔早就足夠稱得上科學家了。

在二〇一三年紀念粵叔百週年誕辰時，「由北航儀器科學與光電工程學院、自動化科學與電氣工程學院、宇航學院、老教授協會等邀請四十多位北航行政學術領導組成編委會，組織近四十篇文章，出版紀念性文集：《永恆的陀螺精神》（還有《紀念林士諤先生百年誕辰文集》、《矢志愛國的科學大家》）」「北航前第一任院長（一〇二歲）的武光，以及前任院長、首任校長的曹傳鈞（九十二歲）作序」。

在這些詞典、書籍中有大量粵叔過去的領導、同事、學生和他的兒女們撰寫數量眾多的各類文章去回憶、評述和讚頌他生前各種傑出情況。內容很全面，包括粵叔少年喪父，在很不富裕的環境中刻苦求學的青少年，在麻省理工（ＭＩＴ）讀博士時取得的傑出成就，學成後馬上回到正遭劫難的祖國，孜孜不倦為國家航空事業服務，培育航空航太精英的事跡。

這些都證明粵叔對國家民族真摯執著的愛；不求名利不計個人遭受不公對待毅然一心報國的高尚情操……等等。

現在在北京航空航太大學，這樣一個國家培養國之重器研發製造人才的重磅級高等學府，立有粵叔的多個塑像。成為北航為培養航空航太精英而樹立的一個偶像式人物。粵叔早期在北航開拓的二系現也已發展成為《北京航空航太大學自動化科學與電氣工程學院》。他被認為是個「矢志愛國的科學大家」，在他去世時他在美國的同學、對粵叔很尊重的錢學深先生親自擔任了治喪委員會主席。

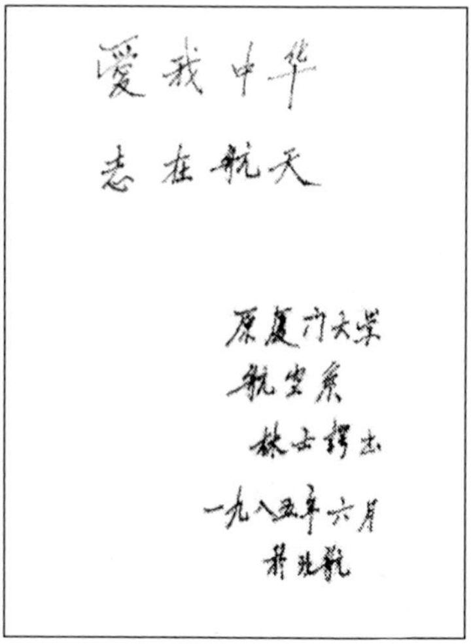

八五年粵叔與其他在世《北航》開創者合影後的題字。

面對家族出現的這個在世界航空學術界都堪稱傑出的人物，他高尚品格、傑出成就、曾受過極為不公的對待而愛國熱情依然。這些國家都給與了很高評價以及詳細記載。這除使自己對粵叔充滿敬意之外，更感到自己沒有足夠資格、也沒有什麼特別的素材和信心去寫他老人家了。

但無論如何，為了彌補過去的缺失，不管可以寫出什麼樣的內容，出於對粵叔的敬意和紀念還是要從自己角度寫一點東西，這是表達我對他紀念唯一和最佳的辦法。

（三）艱苦奮鬥、正派謙遜得來的成果

粵叔的父親林震在近代史的清帝退位、民國建立上立有戰功，被孫中山先生譽為「開國良動」，晉為中將。曾為黃埔軍校前身「廣東陸軍速成學校」的校長，都是有史可稽的。但絕非現代「八旗子弟」可以想像的是：林震將軍生前正值、清廉、低調，一心報效民族，他去世後沒有任何可保基本生活的資產留給後人。這使粵叔只能與母親和弟弟到北京投靠姑姑林演存，靠姑姑和父親戰友（李濟深等）以及同鄉會的接濟，後來還有蔣介石批准的救濟金度過很不富裕的青少年時期。本來粵叔同時考上清華、交大，因交大免收學費又提供吃住因此上了交大，留學美國ＭＩＴ也是以優越成績取得陳濟棠時期的粵省公費。所以粵叔大學、留學期間學習和生活都很勤儉刻苦。總之「開國良動」之子，是在清貧刻苦中自我磨練成了一個傑出之才。

錢學深對粵叔的「林氏法」是敬重的，多次說對他「很有用」。但此法的誕生是一個艱巨的攻堅過程。粵叔學生崔中興教授這樣描述：「林先生在麻省理工學院的博士論文題目是飛機的穩定性，裡面的微分方程式都是五、六階的，導師讓他用計算機去解。當時美國的計算機是電氣機械計算機，一間房子只能放下一部計算機，一開機噪音特別大，說話都聽不見，耳朵根本受不了。如此惡劣的環境逼得他沒辦法只好探索手解微分方程式的辦法，從而發明了『林氏法』」。

粵叔的成就雖然具有世界性，但他一生極為謙虛，這是有口皆碑的，他的學生，後來北京航空航太大學校長沈士團在《紀念林士諤先生百年誕辰文集》的「序二」中這樣講述他的感受：「……林先生……一直非常謙遜、低調，表現了一個大學問家的風範。」沈士團還介紹他所知道的一件

事：「在一次全國力學大會上，錢學深在主席臺上主持大會，林先生坐在臺下，他當時是一般力學學會的主席，大會開始時，錢學深看到林先生，就從主席臺跑下來，拉著林先生的手，將他請到主席臺上」，充分說明粵叔的謙虛是他很自然的品性。

關於粵叔為人的正派，一九六四年由北航指派給粵叔的「學術秘書」後來說了一些他的「體會」，他說林士諤是一位：「堅持真理、實事求是、尊重科學、剛正不阿的鬥士」。該「學術秘書」先生舉的例子包括：大躍進期間因看不慣浮誇風，因直言批評而備受壓制批評。文革期間受到無辜打擊，身體摧殘，精神折磨等「極不公平的對待」。改革開放後，對走後門、弄虛作假的厭惡，作為世界級學術大家、北航學術委員會主任，就是不肯為自己子女寫出國推薦信。作為工程科學家，在研發產品、科學實驗時，不怕別人閒言碎語甚至無知恥笑。「學術秘書」在改革開放後的話，顯然不可能與事實不符了吧！所以應視為是對粵叔正派人格最真實的記錄了。

粵叔在科學上的刻苦追求還表現在，粵叔不是一個搞純數學、純理論的學者，他也是個出色的實踐者。在抗戰期間就因為發明「膜盒式真空速度表」而得民國政府航空委員會頒發的「光華發明獎」。抗戰勝利後一九四五年他在民國政府航空研究院，以相似原理發明「膜盒式高度表」，卻因託美國人在美國申請專利而被所託之美國人竊為己有。在研製陀螺的領域裡粵叔親身參與了大量成功的實踐性工作，因此被錢學森稱為「中國陀螺的鼻祖」。

在航空教育中，他先後編寫、講授了《航空儀錶學》、《自動器原件》……等等。還翻譯了《飛機儀錶學》、《航空電機電器學》……編寫了《慣性導論》（高等教育出版社出版）、《動力調諧陀螺儀》（國防工業出版社出版，一九八三）……」正是他鍥而不舍刻苦鑽研使他成了一位理論與實踐結合的科學家。

（四）「林士諤法」（Lin's Method）的意義

粵叔最傑出的成就是，當他年僅二十六歲時，「……一九三八—一九三九年他原應使用當時麻省理工學院最早的一臺模擬計算機「ＭＩＴ微分分析儀」對飛機在自動控制下，縱向和側向運動進行全面深入的分析。因計算機嘈因太大，而改用手算，並在一九三八年撰寫的博士論文《飛機自動控制理論》中，首創應用二或m階待選劈因法，解算高階特徵方程的實根和複根。……當時即得到美國學術界廣泛的重視和應用，被譽為「林士諤法」（Lin's Method）。（《中國科學家辭典》現代第三分冊，第二六九—二七一頁）。他的這一成就被各專業雜誌、書籍長期不斷介紹於世界各國，為世界各國搞飛行器穩定技術人員應用至今。

學理工科的人都瞭解，書本裡有許多公式、定理都以人名命名，在現代學科裡這些命名基本是外國學者的天下，黃種人尤其中國人極少。

請看這方面專家的評價，中國科學院院士、北京航空航天大學校長懷進鵬在紀念粵叔百年誕辰時指出：「……他是一位傑出的科學家，在數學上有很高的造詣，他提出的『林氏劈因法』不僅是那個時代高階特徵方程求解最優的演算法，也是國際數學界當時唯一一項以中國人命名的數學方法，時至今日，仍然是現今多種求解方法的核心精髓；……」（《永恆的陀螺精神》，第一頁）

于鳳仙教授畢業於其他高校，後來在北航成了粵叔的同事，他回憶做學生時聽高等數學教師講「林氏劈因法」時的情況：「講完這種方法，吳（克裘）老師專門讓我們翻開書的注解：《『林氏法』即『林士諤劈因法』，林士諤先生為北京航空學院教授。》當時我們遇到的各種定理、定律等都是外國人發明的，而今聽到這個「林氏法」是中國人發明的，且此人仍健在，就在北航任教，當時我們同學都無限敬慕。後來在我們上自動調原理節課講穩定性時也無時不在應用此方法，當時沒有計算機，只有計算尺，這個方法是我們求解高階方程根的唯一方法。」（《永恆的陀螺精神》，第二十七頁）

這些評價都準確說明了「林士諤劈因法」的科學價值，以及為中國人帶來的榮耀！

筆者以為可以從更廣闊的視野來看粵叔這一成就的意義：

我們知道粵叔父親林震將軍，在推翻千年皇帝專制制度的關鍵時刻，以廣東北伐軍「前敵總指揮」的身分，指揮北上粵軍在友軍（浦、鎮）軍和淮軍（其中浦軍前哨部隊指揮官為董建華特首時期，曾任香港政務司的陳方安生的祖父方振武將軍）協同下，一舉擊敗氣勢洶洶的張勳所部，促使隆裕皇太后不得不同意退位，此役對中華民族從此步入一個新的歷史發展階段顯然是有功的，所以這是對國家和民族歷史的貢獻。

如果比較粵叔與其父親林震將軍的上述成就和貢獻，撇開性質上一個是軍事、一個是科學，在領域上不同這點。那麼粵叔他發明並首先應用的高次方程「林氏劈因法」，這是全世界航空界、數學界（不管是中、美、英、俄）至今均能受益和應用的科學成果，完全超出中華民族之外，故可定為世界性的。

此外對「林氏劈因法」的出現我們除從數學、航空科技的角度來解讀它的意義，我們是否可以看到它更深層面的意義：它不同於中國人在自己的中華文化領域中取得一個突出成就，他也不同於在和平環境中取得的成就，它的誕生是在中華民族面臨滅頂之災的危難隨時可能發生的時刻！在這種時刻粵叔沉著地，以我中華民族固有的堅韌刻苦傳統，以刺刀見紅的拼搏精神，攻堅搏殺出這個難能可貴的成就！在從來由西方主導的科學領域中造就出一個中國人的亮點！在當時的歷史條件下取得這樣的成就，就是警告那些企圖亡我中華的侵略者，中華民族是不可戰勝的！

粵叔的成就，就是體現了那個時代，中華民族志士仁人無法忍受強權肆意蹂躪之苦疼，急切盼望民族復興硬「逼」出來的。根據這一看法，我們才可以豁然理解：為什麼粵叔剛得到ＭＩＴ博士學位，就可以放棄優厚的留美個人待遇和前景，毅然回國參加抗倭之戰，為什麼幾十年他堅持在航空事業，孜孜不倦從事教育，為什麼他在被定性為「浩劫」的文革中蒙受如此不公對待之後，改革開放政策一開始，他馬上就能放下過去，收拾心情，滿懷喜悅與幹勁從新再來！粵叔這種老「海歸」的精神正是中華民族最需要的啊！

（五）粵叔一生本應取得更大成就

粵叔是一個在崎嶇科學道路上堅韌不拔取得傑出成就的人，試問有幾個中國人可以像他那樣二十六歲就在高端科技領域，搞出個實用的演算法，成為被國際同業公認，和其他科學家發明的定理、公式一樣冠以其名?粵叔五〇年代初作為舊廈門大學航空系系主任被調北京，成為參與北航創建的八個人之一，說明當時航空科學界，包括當局有識之士是瞭解他學術地位和水準的。在當時北航，包括其他七個創建人在內，國際上分量重，影響大的有幾個能及於他！即使與大陸其他先進院校擁有的國際知名學者相比，粵叔也不會遜色。

粵叔的學科水平完全足以擔當科學院院士，在許多所謂「院士」面前他的條件絕不遜色或更好。其實上級領導有過這樣明確的意圖，分到北航的名額就是屬意於他，只是有人為自己撈取而犧牲了他。粵叔這個人他當然不會去跟別人爭，何況在那樣的體制下，粵叔也不是可以爭贏的手！

粵叔的家庭傳統、個人性格他就是一個死心塌地想為國家做點貢獻的學者，他的學識和品格正是長期以來浮躁的中國學術社會特別需要的，他的專業對國家又如此合適，「解放後」又正值盛年，正是可以為國家民族大幹一番的時候。當年一些愚昧的治國方略、尤其文革浩劫改變了他可能會更光輝的人生軌跡，打擊了他的身心、浪費了他可貴的光陰，使他不能全心全意為國家作出更大貢獻，為北航在世界上爭得更大的榮譽。個人損失且不言，對國家民族也是有損失的。作為他家族後人之一員，為他一生遺憾的遭遇感到可惜和疼心。

上面提到一九六四年（那時是政策比較平和時期）為「團結、協助、統戰、把握方向」給粵叔指派的那個「學術秘書」，可能對以前有人挖空心思「整」人的做法有點頓悟？後來寫了一篇有良知的文章叫：「崇敬、遺憾與反思」，是否也從另一側面佐證筆者這一觀點呢。

現在他老人家已遠去極樂世界，北京航空航太大學把他樹為榜樣，利用他遺留的精神遺產，這當然是很好的彌補，不過要再出一個類似林士諤的學者就不容易了。

（六）血紅的太陽

毛劍琴，一位在其一生學術道路上註定與粵叔有緣的傑出女士，數以十年計受粵叔器重、提攜、鼓勵和教導，文革前一九六四年她已是粵叔的研究生，由於國家政治情況的變化，歷經坎坷，至改革開放後在粵叔推薦鼓勵下到國際上享有盛名的英國帝國理工學院自控專業做了兩年訪問學者。在差一年就可以得到帝國理工學院博士學位的時候，因受粵叔一九三九年在ＭＩＴ完成博士論文後就毅然回國參加抗戰這一精神的激勵，她婉拒大有前途，再留英深造一年就可得博士的機會，她決心回國報效祖國。最終在一九八一年國家重新啟動學位制以後，一九八五年她由粵叔親自當導師，通過了嚴格的博導答辯，成為粵叔嚴格精心培養出來的北航第一個高素質女博士。後來毛劍琴博士成了北京航空航太大學自動化科學與電氣工程學院副院長。

她受粵叔高尚情操影響最深，對粵叔的閱歷、品格有最切身的體會和瞭解。他對粵叔的評價是這樣的：

……在我的導師林士鍔先生百年誕辰之際，我想起林先生「士鍔」的名字，「千人之諾諾，不如一士之諤諤」（出自《史記・商君列傳》）。他沒有辜負父輩的期望，一生踐行著敢為人先，著力創新的科學精神，我想起詩人臧克家的詩「有的人死了，他還活著」林士鍔先生他「還活著」；因為他發明的「林氏方法」一直在被人們使用；因為他崇高的科學道德和科學創新精神還在作為我們的榜樣一代代傳承下去；因為他與祖國同患難的愛國精神還在作為民族脊樑的標杆激勵著我們；因為作為科學家和教育家他那「為真求是」的基因已經傳承他的學生並將一代代傳承下去。

林先生儘管在文革中遭受不公正的待遇，甚至是精神和肉體的摧殘，卻從來沒減少他報國的熱情，一旦條件允許他更全身心地投入，用自己的知識為國家的航空航太做科研和培養人才。他用坦蕩的胸懷消化了個人的委屈，團結了自己的團隊。我和林先生很少說起文革，不提起這方面的事情，怕因其他不愉快的回憶。只記得他不止一次地說到：因為受他的牽連，文革中他的幾個孩子都未能上大學，有的甚至連中學都沒上好，他為這事感到內疚和遺憾。在國家和個人，個人和家庭的關係中，我領略了林先生的大家風範，愛國情結。

毛劍琴博士更回憶了在她知道粵叔心臟停止跳動以後的感覺：

……在騎車回家沿著三環路朝西走時，我還是有點兒暈暈乎乎。但記得很清楚的是當我抬頭看時，發現有一輪大大的圓圓的血紅的落日掛在我正前方的天空上，那落日之圓大，那落日顏色之鮮紅，那落日離我之近，是我一生中見到的唯一的一次，我一直向著這輪美麗的落日騎到了太平莊。……

無疑這段話充分體現了毛劍琴博士對粵叔生前在學術和做人方面對她曾經言傳身教的深情懷念。但她同時無意中勾勒出了象徵粵叔一生猶如太陽一般的人生歷程，粵叔本來是一個可以發出更多光和熱的太陽，只是他出生之後，尤其正當盛年、可以「擼起袖子」為民族科學事業大幹一番之時，粵叔碰到烏雲蓋頂的日子太多了，總遮蓋著他的光輝，只在當他快要落山的時候天邊的烏雲才開始散去再也無法遮住他，使人們可以看見一輪美麗的血色的夕陽奔西而去，說明粵叔本來的生命應該就這麼美，或更美。所以他到了西天一定會受到那邊人們的喜愛和歡迎！這也許就是毛女士您的導師、我的粵叔透過冥冥中的語言告知我們的訊息！總之毛劍琴博士，您可以安心及欣慰的！

貳
策勵人生

十三　足球！中國足球！

馨曾

一九五七年五、六月間，我緊張地守在收音機旁收聽中國足球隊先後在雅加達、北京、仰光與印尼隊進行第六屆世界足球競標賽預選賽的比賽實況，結果中國隊由於首次參加正是國際賽，缺乏經驗而以微小的差距失敗了！當時我對中國足球的前景仍是充滿信心的，認為五至十年內一定能衝出亞洲達國際水準，事實上在五〇年代後期至六〇年代初期，中國足球的確有了相當的進步，一九五九年第一屆全運會後中國、蘇聯、匈牙利的精彩表演就是明證。當時以張宏根、年維泗、張俊秀及稍後期的戚務生、李國寧、王后軍等為代表的中國隊都曾經令我們充滿希望，同時還擁有以容志行為代表的一大批技術水準較高的青少年隊員，可惜一方面中國仍然被排斥在亞洲和國際足協之外而未能參加正式國際比賽並從中取得經驗和促進技術戰術水準。隨後又陷入史無前例的文化大革命的劫難中，十年動亂糟蹋了整整一代青少年運動員的運動生命！到七〇年代中期重建中國足球隊時，容志行等也只能在運動生命的下坡路中併發一點餘熱了。期間雖然也不時傳出令人興奮的戰績，但多是在友誼性質的比賽中取得的，在正式的國際錦標賽中仍然令人失望，直到一九八五年五月十九日，人們守在電視機旁親眼看到中國隊敗在亞洲二流水平的香港隊腳下，再一次失去了衝擊亞洲走向世界的希望！整整三十多年對中國足球的注視和關懷促使我寫下這篇文章，作為足球理論和技術的門外漢，或者也會有一得之見可供參考吧！

（一）困難的足球

多年來中國的乒乓球、羽毛球、排球、籃球甚至壘球、手球都在不同程度上達到或超過了國際水準，唯有足球仍然在亞洲水準之下徘徊。中國足球界的領導、教練員、運動員的拼搏精神應該不比任何人差。他們在室外日晒雨淋的環境和泥沙遍地的球場上流的汗可能更多，受的傷也許更重，出的血肯定不少！因此足球上不去不能只怪他們，而是有許多主管和客觀的困難因素，這些困難看起來很簡單，但要克服卻不是那麼容易。

第一，足的困難：誰都知道足球是唯一以足的技術活動為主的球類運動，是唯一不能用手的球類運動（守門員除外），這一困難是先天性和生理性的。因為從人類進化的過程看，足仍然保持著原始簡單的支撐、步行和平衡功能。手則進化到專門做複雜細緻的技術動作了，而在足球運動中則反其道而行之，一切複雜細緻的傳球、接球、帶球、射門等動作均以足為主去完成，而且在完成這些動作的同時還要負擔支撐、平衡和跑動的功能，這一手足之分就使足球成為掌握技術最困難的球類運動，這一困難可引申出以下結論：即培養足球運動員所需時間必然比培養以手為主的球類運動員更長，困難也更大、需要運動員和教練員付出更多艱苦勞動。從運動訓練的實踐中也可知道，通常經過四至五年的專項訓練已可使青少年輕少年運動員掌握較好的藍、排球技術去參加較高水準的比賽，但足球運動員通常要經過八至十年的訓練才能達到較高的技術水準。而要培養出國際水準的球星則必須要廣泛的群眾基礎，才能從中發現少數具有足球天才的運動員。以此，足球運動員的訓練一定要由千千萬萬的幼年兒童中開始。另一方面從醫學生理學的角度來看，五至七歲的兒童中樞神經系統趨向成熟，肌肉的發育開始完善，並以有了很好的平衡功能，對運動動作的控制能力也以增強，對技術動作的模仿能力極高，這時兒童本身就很喜歡跑、跳、追逐、玩球等各項運動。因此正是開始足球訓練的適當年齡。以上所述各點，大概就是足球訓練「必須從娃娃開始抓起」的理論基礎吧！

第二，足球是職業化程度最高的運動項目：足球是世界上職業化程度最高的運動項目之一，職業化帶來名與利的極大刺激，促使世界足球技術戰術水準發展至接近巔峰的階段，訓練和比賽制度也趨於相當完善。自從第二次世界大戰結束後，西歐、南美等足球先進國家已開始向職業化道路發展，隨後東歐各國也開始了足球的專業訓練，因而從五〇年代起足球的技術戰術水準已發展到極高的水準，三十多年來先後出現了五〇年代早期以普斯卡士為代表的匈牙利隊，五〇年代後期至六〇年代以比利為代表的巴西隊以及稍後以碧根鮑華和告魯夫為代表的西德隊和荷蘭隊；直至近期以馬勒當拿為代表的阿根廷隊，這些球隊不僅代表了當時的最高水準，而且究竟這些不同年代的球隊中那一隊能稱得上是歷史上的最強球隊呢？至今仍有不少足球專家很有興趣的議論這一不可能有結論的話題，也就是說五〇年代的足球水準從技術上來看已和八〇年代相差不大了，這是任何其他體育項目所沒有的現象，我們只要比較和回憶一下五〇年代田徑、游泳、舉重紀錄和八〇年代的體操、籃球、排球的技術水準就會清楚證實這一現象。這一現象可以證明任何體育運動職業化程度越愈高，運動技術的提高就愈明顯，而我們要追上去就愈困難。

除了足球美國的男子籃球，世界性的男女網球，美國和日本的棒球等也是職業化程度很高的項目。其水準比之中國也是高出很多，差距也十分明顯。相反的，目前中國已追上世界水準的多數體育運動包括排球、乒乓球、羽毛球、女籃、壘球等都是未有職業化或者職業化程度較低的項目。更明顯的是女子足球，由於在世界上也是近幾年才開始發展，大家都是從零開始，肯定的中國女子足球只要進一步加強專業訓練，很快就能達到世界先進水準。在亞洲、西亞各國的足球運動雖然主業化水準不高，但加上大量油圓的支持，水準已佔據亞洲前列。東南亞的南朝鮮，日本、印尼今年也開始了職業化與西亞分庭抗禮的明顯進步。甚至香港，雖然足球資源（運動員和觀眾）不足，但是由於有近十年職業足球的過程，教練員和運動員均積累了相當的國際賽經驗，這就是五・一九能戰勝中國隊的主要原因。因此如何進行改革使中國足球運動在普及、訓練和競賽等各方面與高度職業化世界足球運動相適應是一個十分困難的問題，也是追上世界先進水準的關鍵因素之一。

第三：足球是參賽人數最多，對抗性最強，勝負的偶然性也最大的運動項目：除了美式足球（欖球）外，足球大概是出場比賽隊員最多的球類運動之一，這也增加了足球水準提高的困難，因為場上隊員多，每個隊員各有自己的思想、作風和技術特點，因而在戰術技術上要互相配合互相補充並融成一體，守門員、後衛、中場、前鋒這四條線上任何一點發生問題則整隊的運作和聯繫就會出現漏洞和而導致失敗，足球教練不但要有整套戰略戰術，還要有極好的組織能力去充分發揮十一隊員的特點並將之化為一個整體去實現自己的戰略戰術，同時還要充分掌握對手的戰略戰術與技術特點，才有可能知己知彼，揚長避短去克敵制勝，因此更增加了掌握比賽的困難程度。

足球又是對抗性最強，身體接觸最激烈。並且允許有合法衝撞的運動。在沒有干擾的情況下，很多對隊員可以像玩雜技一樣連續腳踢頭頂球數百至上千次，但比賽中在對手的干擾衝撞和搶截下卻很少能連續觸球數次以上，因此，足球員不但要有熟練的控球技巧，還要有力量速度和靈活性的配合才能加強抗干擾能力，這也是比其他球類更為困難之處。還有，足球比賽中因偶然性因素的出現而影響勝負也是不可忽略的事實。例如由於球員的受傷，裁判的錯漏甚至偏袒，球員一時衝動的犯規而被罰離場。禁區內偶然的錯誤被罰十二碼球。無將球踢入己方球門，多次射中門柱而不能取勝，弱隊用九〇一穩守突擊戰術而戰勝強隊等都是常見的現象。至於互設十二碼球定勝負是否公平合理也是見仁見智的爭論問題。八六世界盃法國射十二碼勝巴西就是明顯的戰例，所有這些足球比賽中所謂偶然因素又常和信心、心理、天時、地利、人和等因素交織在一起，使足球運動顯得更為複雜困難，同時也更為引人入勝。

第四：足球是世界上最普及、最具廣泛群眾性的運動：在全球一百五十以上國家和地區中，除了美國、加拿大、日本、澳洲等少數幾國外，全部都是以足球為第一運動，觀眾多、參加足球訓練的人數也多，所有足球先進國家都已發展了金字塔式的運動員隊伍，英國、西德、蘇聯均有數以十萬計的運動員參加足球訓練，巴西甚至號稱有百萬運動員和數以萬計的足球場。只有在這樣廣泛的群眾性基礎上才可能湧現出數以千計的高水準的運動員，才有可能組織高水準的職業足球聯賽，才可能從中選拔出世界水準的國家隊。正如近三十年來群眾性的乒乓球運動使中國產生了數十個世界冠軍一樣，歸根結底，如果沒有廣泛普及的群眾性足球運動，沒有數以萬計進行正規訓練的足球運動員，要提高中國足球水準，趕超世界強隊就會十分困難。

（二）中國足球的困難

前面提到困難的足球的各點，對世界任何國家和地區是同樣存在的，而針對目前中國足球界的情況，還有哪些實際的困難呢？我想著重談下面幾點：

第一，技術：中國足球落後的最主要原因是「技不如人」。一個優秀運動員應該掌握全面的技術，同時又要有個人的絕技，可惜中國運動員在兩方面都十分缺乏。前文提到由於用足掌握技術特別困難，需要更長的時間進行訓練，因此，足球運動員的技術訓練必須從六到八歲兒童期開始，應該派技術最好的教練員引導這些可塑性大、模仿性強的兒童充分自由的發揮其天賦，掌握全面的攻防技術，不應過早的分前鋒和後衛，更不應過早的追求比賽的勝負，特別要通過現場和電視讓兒童多觀看高水準的比賽，從中學習模仿優秀運動員的技術和絕招，到少年和青年時期，教練員就可以在這些發展比較全面的運動員中根據其特長相對的固定他們在攻防的各個位置上。在技術的全面性方面，國外優秀足球隊在訓練時經常前鋒後衛互相對換，單從技術上看往往很難分辨他們原來踢的是什麼位置，而多數中國足球運動員是由於過早固定了攻守的分工，因而不能全面掌握技術，在比賽的關鍵時刻，前鋒不善防守和搶截，後衛不懂過人和射門，這就不能適應現在足球全攻全守的戰術需要了。在培養個人的絕技方面，應該指出，過去的足球訓練和比賽中也許存在著極「左」的表現，例如只強調集體配合，忽視個人突破，多帶幾步球，多幾次盤球過人常被認為是個人主義表現自己，這是必須避免的，一定要鼓勵運動員苦練和自由發揮個人的特長和絕技，特別是一對一的攻防技術，搶截和鏟球，過人和突破，射門的意識和技術都是中國運動員的弱點，要在訓練中下更大的苦工才能進步。

前一段時期國內報刊曾爭論究竟國家隊要不要進行技術訓練的問題，其實在西歐南美優秀運動員都屬於俱樂部，國家隊根本不可能長期集訓，而且只有技術全面和身懷絕技的優秀運動員才有可能入選國家隊，因此不可能也不需要到國家隊後才進行技術訓練，當然根據個別需要進行強化和熟練技術的訓練還是必要的，而國家隊教練主要任務是選拔運動員和在重大比賽前進行短期的戰術和整體配合的訓練。可是存在著國家隊要不要技術訓練的爭論正說明目前中國足球運動員在技術上存在較大的差距；要將技術提高到國際水準必須下一代運動員繼續努力，關鍵之處是；一，技術最好的退役運動員應輪流到兒童、少年足球隊中做教練，以自己的優秀技術誘導他們進行艱苦的訓練，培養出大批超過自己，青出於藍的運動員；二，讓兒童和少年運動員多觀看高水準的比賽，特別應從電視和電影中反復觀摩世界最高水準比賽中優秀球員的技術，讓孩子們有更多模仿和「偷師」的機會；三，要充分自由發揮兒童和少年的創造性，鼓勵他們學習運用和創造自己的絕技，千萬不要以個人主義，英雄主義等錯誤觀念去限制和妨礙運動員的成長和發展。

第二，訓練和戰術：目前中國運動員的技術水準較低，即使有國際著名教練來指揮也不容易達到世界水準，但先進的訓練方法和戰術指導對技術水準往往可起到相互促進的作用，因此提高教練員的水準對中國足球的進步十分重要。多年來，大概由於既缺乏技術優秀的運動員，又不敢過於突出個人的作用吧，我覺得中國的教練員較著重於運動員的個人技術要服從教練員的戰術需要，而比較忽略了教練員的戰術必須能充分發揮運動員特別是技術突出的運動員的個人特長。這一傾向實在值得注意，我們且看歷史上優秀運動員的例子：在巴西，由於有技術超群而全面的比利，配合卓越的邊鋒加連查和優秀的中場華華等而創造了四二四以進攻為主的戰術；在西德，由於有善於控制攻守節奏的碧根鮑華而創造了令人讚賞的自由中衛戰術，並繞著「射球機器」武勒而練成了一套進攻的戰術配合；在荷蘭以控、傳、射及速度俱佳的告魯夫為中心的全面攻守戰術也曾風魔世界；在阿根廷兩奪世界盃的戰術均是圍繞著技術突出的甘巴斯和馬勒當拿而展開的，這些說明了優秀的教練員應能選拔現有的優秀球員並根據各人的特長去組織整隊的戰術，因此，不論是四二四、四三三、三五二或者是全面攻守等陣式或技術，只要能充分發揮全隊球員的特點和整體配合就能表現出球隊的最高水準，從而取得勝利。

還有一些事例可能說明少數優秀運動員的特長未能充分的發揮，以射門為例，在國外，甲級聯賽的射門冠軍幾乎必然是入選國家隊的，在西德和英國甚至乙級聯賽的射球冠軍也曾入選國家隊，而在中國，雖然一直強調射門最落後最迫切需要解決的問題，但多年來甲級聯賽的最優秀射手如黃德興、王學能等人卻一直在國家隊占一席位，這裡面也許有很多局外人所不瞭解的原因，但我總覺得像黃德興身處甲級隊的一支弱隊中卻能連續四年取得射球冠軍是必然有技術上意識上的優點的，教練員難道不應該在戰術上創造一些條件，更好地發揮其特長嗎！所幸近年來馬琳、柳海光等射手已站穩了國家隊的位置。又如自容志行之後，公認趙達裕技術最好，但他也曾四進四出國家隊，是什麼原因呢？是因為太矮嗎？馬勒當拿、基謹、西蒙遜等名將不也是一公尺六多一點嗎！是因為趙達裕配合不了國家隊教練的戰術嗎？為什麼教練不考慮圍繞趙達裕創造和訓練一套戰術呢？當然這些只是局外人的猜測，趙達裕在受傷之前，還是中國隊的主力。還有數年前高豐文帶領中國青年隊在世界盃取得較好成績，但回國後這只充滿希望的隊伍，馬上解散了。本來各自回原隊去鍛鍊也不是壞事，但據說一些優秀球員回到原隊卻只能當後背而影響了進步。以上這一些不一定恰當也許說明了領導們缺乏長遠的眼光和規劃，選拔、訓練、和比賽的制度可能存在缺點，這些都會妨礙優秀運動員特別是青少年球員的進步和提高。

此外還要談談吸取外國先進經驗的問題，近年在世界賽取得較好成績的西非國家足球隊毫無例外均與此有關，例如摩洛哥隊，有四名球員在歐洲踢球；南韓有車範根等在西德參加職業賽；伊拉克隊則由外國教練訓練，這些都有利於亞非球隊學習引進先進的技術、戰術、訓練方法和經驗。

因此中國不但要多參加國際賽，同時派出優秀的運動員和球隊到先進國家作長短期的訓練和邀請外國著名教練到中國任教都是有益的。據說也有一些保守的或極「左」的人一自力更生為理由加以反對甚至認為這是「洋奴思想」其實這是不值一駁的，為什麼中國的乒乓球、羽毛球、體操、跳水、排球等可以到數十個國家去傳授技術而不會在外國出現「華奴思想」？但卻不容許洋教練來華任教呢？這正如中國的青島啤酒、茅臺酒、紅茶大量出口而僅僅進口了一點可口可樂就被一些人提高到亡國亡黨的高度而瘋狂反對一樣是毫無道理的。可喜的是阿根廷教練來了，大連隊、中國隊分別去西德巴西訓練。。古廣明、謝育新也去西德、荷蘭留學了，相信這些明智的決策將對中國足球起一定的促進作用。

第三，信心、體質、場地：如果說中國足球要達到世界水準主要是技術問題，而在亞洲，中國足球運動員與南北朝鮮和西亞各國可說是不相伯仲的，因此，衝出亞洲則主要是戰略戰術和運動員的信心問題了，或者還應加上一點幸運吧！因為前面提過足球運動中的偶然性因素實在是不容忽視的。這裡著重談信心問題，我認為首先是領導要在長期的訓練和比賽中鼓勵運動員大膽發揮技術，要大膽的做動作，特別是對方緊迫下，該傳球就傳該過人就過，該射門就射；不要怕傳錯，不要怕搶截，不要怕射失，因為只有不做任何動作的人才不會失誤！其次是教練員運動員在任何時候都應首先想到贏球，只有從求勝的基點出發教練員才能制定恰當的戰略戰術，運動員才能充滿信心發揮技術，如果只想到打和或輸球，則戰略戰術都會受到束縛，運動員在比賽中就會手足無措，動作僵硬，但同時又要不怕輸球，要鼓勵球員輸了一球不要怕，爭取在完場哨聲響前贏回來。輸了這一場不要怕爭取在下一場贏回來，想贏而不怕輸，就能信心十足的投入比賽。與信心有關的還有：「壓力」問題，五一九輸給香港在很大程度上是從上（領導）從下（群眾）而來的雙重壓力擠迫的結果，壓力對任何球隊任何球員都會存在，柏天尼、薩高、蘇古迪斯在世界盃射失十二碼不也是壓力太重所致嗎？

因此問題是如何正確對待，我認為首先是領導和群眾應對球隊多一些雪中送炭，少一點錦上添花，不要把勝負看得過重，更不要贏了就什麼思想輸了又什麼主義的把勝負都和振興中華連在一起；其次是要多參加國際錦標賽，多和外國強隊交鋒，輸得多了，經驗多了就能承受更大的壓力；而根本的還是要苦練技術，所謂「藝高人膽大」，膽子大了，就能將壓力化為爭取勝利的動力，水準就將躍進一步。

從體質方面看，足球應該是十分適合中國人的運動，因為足球並不要特別突出的某一身體素質，（例如藍排球運動員要求有突出的平均高度），而是要求速度，靈敏、力量加耐力是足球技術上的全面結合。目前中國隊與北方強隊在身高方面與外國比較已無明顯差距，速度和靈敏素質也不差，問題是在力量和耐力方面，我認為要注意提高中國足球員的平均體重，印象中即使與國外運動員身高相等，但多數中國運動員都嫌體重較輕，肌肉不夠發達，表現在比賽中是力量不足，因而在合理衝撞，搶截和佔位爭頂高球等方面明顯吃虧；中國足球員的耐力亦極需加強，上半場好，下半場差，加時更差的表現說明耐力不能支持九十至一百二十分鐘的比賽，這主要和訓練時運動量特別是強度不夠有關。運動員缺乏經驗，在比賽中不能合理地控制、分配和保留體力可能是原因之一。但在重要的國際賽中，對手往往全場緊逼，全面攻守，實際上是不容許保留體力而要全場拼盡的，此外，體重不夠，力量和耐力不足是否和中國運動員從兒童至青少年時期營養不夠有關呢？這一問題值得進一步研究解決。

場地（特別是草場）是妨礙群眾性足球運動發展的因素之一。在巴西據說有數以萬計的草地足球場，可以容納數以十萬計的運動員大展身腳。在英國和西歐各國坐在旅遊車上沿途都可見到無數綠草如茵的球場。球員們會領略到在柔軟的草地上訓練和比賽時特別興奮舒適和有勁的心情的！中國有無數兒童和青少年喜愛足球運動，但有多少球場可供他們馳騁呢？又有多少足球天才因缺乏場地而埋沒或者在惡劣的泥沙場地上反復受傷而妨礙甚至中斷了運動生命呢?!場地問題不是短期的容易解決的，但衷心希望體育及城鄉建設部門在可能的條件下盡力而為。

第四，幾個值得注意的問題：一，要注意提高運動員的文化水準和個人修養，我很希望看到五〇年代末到六〇年代初中國國家隊和其他很多球隊那種泱泱大將風度和整齊威武的儀容，當他們操著整齊的步伐出場時就有一種振奮人心和令人威懾的氣勢，而今年一些球隊表現的散渙疲弱吊兒郎當的作風，披頭散髮，上衣拖在球褲外面，球襪褫到足踝上（為什麼不規定佩戴護脛以防受傷呢？）的表現實在不能反映中國足球運動積極進取的精神。二，領隊和教練只在一些細微的問題上也要嚴格要求，例如在一場比賽中我注意到廣東隊守門員是經常持球在禁區內超過四步並踏出禁區才將球踢出，這些技術犯規的不良習慣很可能在關鍵的比賽中被罰而導致失敗；又如一次比賽中遼寧前鋒在禁區內射門被擋出，球還在禁區內滾動，該球員竟放棄了追搶補射的機會而跪在禁區內呼天搶地做出一些完全不必要的表示遺憾的動作，這一壞習慣實在不是專業運動員負責任的表現；三，我覺得中國足球員受傷患的困擾相當嚴重，這裡不擬從訓練和醫學的角度談防治的問題，只是從容志行多次被侵受傷，古廣明、趙達裕先後骨折而想到應該對個別蓄意傷人，特別是常以超技術動作傷害技術比自己優秀的運動員的隊員加強職業道德的教育甚至處分，以免悲劇反復發生並損害中國足球多年來在國際上樹立並被公認的良好作風。這方面各級領導教練和報紙雜誌等輿論界應負起責任，特別是中國足球裁判的水準和權威性也應相應提高，以免脫了足球運動前進的步伐。

（三）中國足球的展望

電視在全國範圍轉播八六世界盃賽對中國足球將有深遠影響，使群眾特別是兒童青少年足球運動員大開眼界，看到了世界最先進的足球技術戰術，中國實在需要更多包括歷屆世界盃及世界優秀足球技術的電影和電視片集讓運動員能反復觀摩，從中吸取其精華以利提高。更要讓國家隊及甲乙級球隊經常與世界強隊比賽，派出去、請進來。積累豐富的國際比賽經驗後必將促進技戰術的提高。長城杯等國際邀請賽一定要提高規格和水準，集中財力，寧精勿濫。此外，如何改革中國的足球比賽制度，在加強精神文明的教育同時改善運動員物質生活、健全獎罰制度，重視退役後的出路安排以減少運動員後顧之憂。使中國足球盡可能適應世界足球高度職業化的現實。這些都是十分重要的問題，但很多問題都牽涉到國家進一步開放改革的一系列政策，這就不是本文可以論及的了。

據估計，目前中國各級專業足球運動員不會超過二千人，合乎標準的草地球場大概不足一百個，以足球城著名的天津和大連聽說也沒有一個標準草場，這和前述歐美足球強國數以十萬計運動員和數以萬計足球場比較實在相差太遠，以這樣的條件要求中國足球在近年內趕上世界水準是困難的，但是，中國足球的發展也有不少有利的條件，我認為最少有如下幾點：一，領導重視：一九六二年的一天，下著微雨的北京地壇體育場正進行著兒童足球賽，一輪紅旗轎車駛進球場，車上下來的竟是當時的鄧小平總書記，也許「足球要從娃娃抓」的意念在當時已開始形成。二，近幾年來正切實開展各年齡組的訓練和比賽，貝貝杯、萌芽杯等已使兒童和少年足球水準明顯提高，參加國際青少年比賽也取得了可喜的成績。三，在國際足壇普遍吹淡風，觀眾日益減少的情況下，中國各級足球賽的觀眾仍踴躍，顯示廣大群眾的熱情和支持並未因中國足球停滯不前而減退，優秀足球運動員仍然是他們的偶像，甚至仍然享有不少生活上的的特權。四，在近年掀起的「企業贊助體育」的改革風氣中，足球是最早和最廣泛獲得贊助的項目，有了企業在經濟上支持和鼓勵，足球將更傾向職業化。運動員訓練的自覺性將進一步提高，這是技術提高的重要因素。五，國際足聯對中國非常重視和支持，以夏蘭維治為首的國際足聯對中國足球的發展寄以厚望，正盡力促進中國足球的提高，多次派遣專家教練到中國開教練進修班，和協助提高中國裁判水準，支持中國舉辦世界性的青少年國際賽，甚至再三鼓勵中國二十一世紀的首次世界盃，所有這些對中國足球的進步將有巨大影響。六，中國有近三十個省市自治區，南北各地氣候及人民體質各異，早在五〇年代已存在不同足球風格的雛形，東北有歐陸力量型的風格；中南有南美技術性的味道；京、津、滬則可稱融滙兩者於一體，今後如能繼續百花齊放，既發揮各自原有風格又互相出盡提高，則中國的足球聯賽應該且有可能辦成具有小型世界盃模式的比賽，希望這不是幻想，而是未來的現實。

綜上所述，雖然困難重重，但我對中國足球沖出亞洲走向世界的前景是充滿信心的，只要不要出現意想不到的政治上的干擾，中國足球將在八至十年後開始起飛，甚至可能提前在一九九四年的世界盃中令全球矚目，我的希望和信心寄託於這一代的青少年足球運動員中。

原載於香港《明報》

十四　懸壺濟世在香江，國足之夢永不忘——長兄與足球

那是一九八七年的春天，英國人統治了一百多年的香港還有十年就要回歸祖國了，隨著回歸日子的逼近，香港市民也越來越關心中國大陸內地情況，尤其開放改革方面的情況。

與往常一樣，長兄林馨曾在淺水灣早泳以後如常到他九龍私人診所上班，當他坐在自己柔軟的轉椅上時，一封《明報》報社發來的信件映入他的眼簾，引起他特別的注意。長兄迅速把信拆開，一看正是對他所投稿件〈足球！中國足球！〉（注：《明報》發表時題目改為〈漫談中國足球〉）的回信，而且落款顯示該信是由《明報》總編輯、著名作家董橋先生執筆，香港著名作家、著名報人、《明報》老闆查良庸先生（金庸）親筆簽名的一封信！

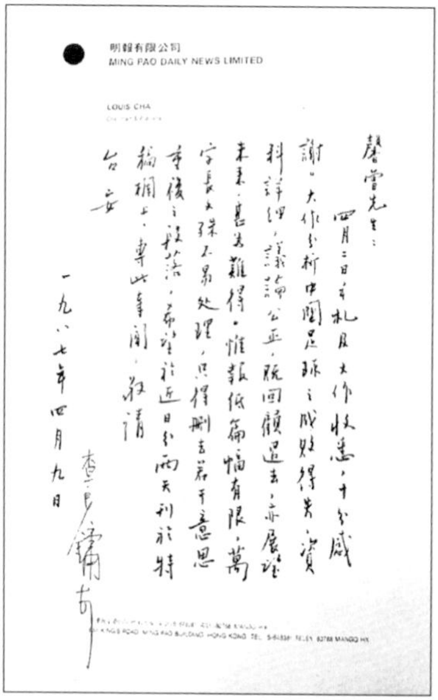
明報有限公司
MING PAO DAILY NEWS LIMITED
LOUIS CHA

馨曾先生：
四月二日手札及大作收悉，十分感謝。大作分析中國足球之成敗得失，資料詳細，議論公正，既回顧過去，亦展望未來，甚為難得。惟報紙篇幅有限，萬字長文殊不易處理，只得删去若干意思重複之段落，希望於近日分兩天刊於特稿欄上。專此奉聞，敬請
台安
查良鏞 手
一九八七年四月九日

查良庸先生為長兄撰寫的文章〈足球！中國足球！〉的回信。

查良庸先生親切稱呼長兄為「馨曾先生」，感謝他在大陸全面改革開放、希望儘快提高足球水準之際，為該報撰寫了一

篇及時而有價值的文章〈漫談中國足球〉。信中通知長兄《明報》將分三期刊出該文。

曾獲鄧小平特別接見的查良庸先生的親筆簽名回信，顯示了查良庸先生頗為驚訝及贊佩作為一位香港註冊西醫而非足壇業內人士，竟然對中國及世界足球如此詳盡瞭解，並能對中國足球的改革提出如此全面及切中要義的見解。

這樣無疑使我們產生兩個問題，首先長兄文章寫的內容是怎樣的，其次為什麼作為一個職業醫生卻在足球運動方面有如此專業性的見解？

關於第一個問題，只要我們細心閱讀一九八七年四月十四日到十六日刊登在香港《明報》上，長兄七千字的〈漫談中國足球〉一文（原文題目是〈足球！中國足球！〉，近一萬字，經《明報》省略為七千字）就可以一目了然了。（為使讀者更瞭解此文，所以安排上面十三章即為長兄所寫〈足球！中國足球！〉）

簡單地說，長兄其實是個有專業科學知識的超級足球「發燒友」。他以自己幾十年來帶著濃厚興趣，對世界及中國足球發展實況的關注所得豐富資訊，結合他醫學及足球運動兩方面的科學知識，仔細分析了中國足球改革的必由之路。

長兄指出足球——這個除守門員外唯一不能用手，一切複雜細膩動作均以足為主的球類運動，在培養優秀運動員提高整隊技術、戰術的水準，以達致世界一流球隊時，與其他運動項目的不同特點和困難，從而對中國大陸足球今後的改革提出許多具體、建設性的看法。

長兄回顧了他熟悉的中國足球五〇年代以來的奮鬥過程，進而介紹目前世界足壇先進國家的概況，它們的職業賽制，他們基本設施在數量、質量上的先進。提出中國足球要趕上世界水準，務必推行包含運動員道德和修養的職業化，但不是單純「金錢化」。

因為要奪得亞洲或世界冠軍最終必須靠本地球員，他從運動生理學、青少年體格發展的醫學特點，提出運動員要從娃娃開始抓。學習外國發展足球的先進經驗，要走出去，請進來，多觀摩和多與世界強隊比賽，不要怕輸。選拔運動員要擺脫複雜的人際關係干擾，不要總把個人敢於突出表現和勝負與政治掛鉤，動輒給球員戴上「個人英雄主義」帽子。把有技術特長、敢於衝撞、搶截、搶位，特別善於臨門一腳的運動員送進國家隊。要鼓勵運動員發揮個人的特長及天分，甚至可以根據個別優秀運動員的特長，來制定比賽中球隊的整體戰略戰術……等等。

須知：「從娃娃抓起、擺脫人際關係干擾、少與政治掛鉤、少與個人英雄主義掛鉤、請進來、走出去、國際化、職業化……！」這些在當時大陸足壇都是人們嚮往而震撼不已的足壇（甚至體壇）炸彈啊！由於文章洋溢著那個時代，數十年來關注中國足球發展，在國家採取開放政策新形勢下，對重振國足充滿期待的老一輩足球界的欣切期望。無怪乎長兄文章隨之於四月二十六日起分七天在廣州《羊城晚報》體育版頭條登出，在登出後收到廣東、北京許多熱情洋溢的來信回饋，在當時也算引起了一個小小的關注之風呢。

關於第二個問題（一個醫生為什麼會對足球有此雅興，並研究的那麼深？），就要回顧一下長兄的成長概況。

當年長兄看了查良庸先生的回信，感到很欣慰，也因此有點激動。座在那安靜而溫度適宜的診室內，由於未有病人，長兄有機會可以感慨萬千地浮想聯翩，回憶一些曾經的歲月。下面我更通過訴說長兄的這些回憶，讓我們可以基本瞭解第二個問題的答案。

我們林家本是書香門第，秉承家族先人良好家風，以及對社會曾做過的貢獻而建立的社會地位，林家在嘉應五屬之平遠頗有點名聲，長兄從出生至青少年時期正值先父壯年，先父對之疼愛有加，同時嚴以管束悉心調教。那是在粵西北一個山村果園中的一棟小樓，父親經常在裡面督促幫助長兄的功課，講述山村之外廣闊的世界。先父給他講述他自己在北京大學唸書時如何參加反對巴黎和會無視中國主權、保衛山東權益的「五・四」運動，如何攀爬進入交通總長曹汝霖家的鐵門，最後與二十位北大同學一起成了階下囚的往事（史料證明林醫生父親是徐世昌政府逮捕的三十二名北京市大學生之一）。長兄特別深刻的是，曾是北京大學足球隊守門員的父親對足球的酷愛，父親如何讚歎當年紅極一時的世界級足球明星、中國人李惠堂的威水……，這些無疑都種下了長兄以後對足球特別的鍾愛之情！

長兄天生資質聰穎，從小品學兼優、身材英偉、五官端莊，親友師長無不贊之為一表人才。在那中華民族命運掀開新篇章之時，在那「共和國」誕生的火紅年代，長兄正好高中畢業，秉承家族熱愛國家民族的傳統，長兄抱著對新社會淳樸真摯的愛，同時也是聽從母親的善良意見，考上了國立中山大學醫學院。

懷著對未來無限的憧憬以及對今後建設祖國的巨大激情，長兄度過了他豐富多姿的大學生活，更展露出他全面的才華。以至得到來自香港的大家閨秀、同班同學劉端儀女士以身相許，結為夫妻。婚後他們廝守至今早已超過一個甲子，已過鑽石婚齡依然相濡以沫，實在說明他們之間愛情的堅貞。

在即將大學畢業時，在一次體育課百米測驗中，長兄跑出一個使體育老師有點目瞪口呆、頗為意外的好成績。因為此前他並沒接受任何田徑訓練，體育教授打量他的身高體型，認定他在短跑上的天分，從此長兄更積極參與體育鍛鍊，尤其是短跑，並逐漸把自己的醫學專業知識與體育運動研究結合起來。

本來長兄各方面優秀表現在中山醫就有目共睹，不僅品學兼優，還是有威望的學生幹部，文體活動的活躍分子，是那時中山醫名人，也因如此，畢業後他與妻子劉端儀一起被留在學院工作。

留在中山醫工作，長兄更有條件接受田徑正規訓練，五〇年代中，他百米成績已達十・九秒，是當年廣東位列前茅的選手。他與當年廣東第一短跑選手李元新等組成的中山醫學院田徑隊曾在省運會四乘一〇〇米接力比賽中，打破了廣東省記錄（四十二・六秒）。這使長兄作為廣東田徑隊曾兩次參加全運會。

長兄幼年在平遠。

長兄與大嫂畢業後都留在了中山醫工作。

長兄百米衝線時的雄姿。

長兄的短跑天賦也許與父母遺傳的基因有一定關係，據先母生前憶述，上世紀二〇年代鄉間風氣漸開，設立新式學校接收女生，並開始設立體育課，先母在一次學校運動會的短跑項目上，竟然跑贏男生取得第一。而上面提及，先父曾是北大足球隊守門員，父母又在運動方面都有一定速度與靈活性的天分，應該說長兄繼承了父、母這方面的基因！

作為一名運動成績優越的醫生，長兄在運動醫學科研方面也頗有成績，他參加全運會期間，就與大會科研人員結合，配製出含有人體所需葡萄糖和維生素C的馬拉松中途補充飲料。後來廣東省前三水體委主任李經緯以此配方為基礎，經李後來悉心改進引入工業生產，誕生了揚名一時的的保健飲品「健力寶」。

長兄還與前中山醫科大學黨委第一書記、副校長卓大宏先生，共同創建了中山醫「醫療體育科」，共同開拓了南方的體育醫療研究。在當時與北醫「醫療體育科」呈南北對應。長兄最近已把二十多萬言的專業技術論文彙集面世。

由於處在新中國對體育研究之初期，所以當中許多研究在國內甚至包括國外，許多論文都是開拓性的。他還經常給《羊城晚報》等報章雜誌撰寫介紹群眾性保健知識的文章，在社會普及醫療體育知識。

長兄除在田徑場上取得出色成績，也涉獵多項球類運動，從梅縣東山中學起就開始積極參與籃球運動，此外足球和棒球也是他的愛好之一。尤其在他成為廣東田徑隊短跑運動員的時期，因廣東田徑隊與足球隊均集中在廣州珠江東部的二沙頭，這為長兄與足球隊接觸提供了很大便利。

長兄曾一度被任命為廣東足球隊的隊醫，因此與足球接觸的機會就更密切了，在足球、田徑圈乃至廣東體育界建立了廣泛的關係，備受各方歡迎和重視。長兄也因此可以與廣東乃至北京足球界

長兄在一九五九年第一屆全運會上。在該屆全運會，長兄既是運動員又是大會田徑比賽的醫務監督，在田徑場上遇見周總理與跳高運動員史鴻范交談，長兄站在總理與國家體委副主任黃中之間。此照片曾由新華社發向全國，各報均有登出。

各層次人士有更多接觸和探討的機會。

長兄對世界足球狀況的熟悉，還有一個重要因素，就是我的大嫂劉端儀醫生十分支持長兄的愛好，為滿足長兄對足球健康正當的濃厚興趣，她讓香港回穗親友攜帶大量香港足球評論雜誌給長兄閱讀。

上世紀五〇年代，正是中國大陸治癒戰亂創傷，和平建設逐步走上正軌之時，也是長兄學成畢業，建立醫學及運動基礎本領，施展所長服務社會的時期。雖然期間各種政治運動在中國大陸陸續有之，然而國家與個人基本還是在正常道路上膠著前行。從六〇年代文革開始，中山醫這個南方培養高級醫護人員的珍貴搖籃，也與全中國一樣不可避免地陷入十年「浩劫」的動亂之中。七〇年代更開始把大量有出色才幹、國家曾不惜工本栽培的高級學術或臨床醫務人員大量「下放」農村，要他們下決心當一輩子普通衛生員式的「赤腳醫生」！尤其是「出身不好」的人員，大量比哥嫂更資深的知識分子也受到相同待遇。

已是一對爐火純青資深醫生的哥嫂，一起被下放到海南儋縣，當公社衛生院的「赤腳醫生」作為長兄家庭的賢妻良母、中山醫一位經驗老到的內科醫生，大嫂劉端儀當年原是主動回國就讀，畢業後主動獻身國家建設的港澳生。也想不到文革時自己的小女兒要進幼稚園，還要接受「你老豆嘅老豆系乜成分啊？」之類的問話，這些大嫂也都理解、忍過去了。想不到在她身體極差之時，被一紙公文「發配」到如此邊遠落後的地方。沒有「沖涼房」，同去的女兒解手時被姍姍前來企圖「搵吃」的老母豬嚇得心驚肉跳，來自香港大家庭的大嫂身體承受不了自己一個家庭落到如此地步的身心折磨。在此情況之下，大嫂學生時期一以貫之的回內地參加祖國建設的堅定立場，開始無奈地要加入其他考量了，祖國及生命同樣都要愛啊！如果命都沒了怎樣愛國呢？正好又因大嫂在香港的老父親，曾與霍英東共闖事業的愛國愛港人士劉衡仲先生在香港卻因醫療不當而過早離世。經艱苦的思想抉擇，大嫂決定向國家提出申請。國家批准了她的要求——與長兄到香港生活，後來長兄的兩個女兒也隨之陸續被批准到香港團聚。

當年由於內地對香港情況不甚瞭解，以為到了香港就到了滿地有金子撿的地方，其實情況絕非如此。兄嫂倆人當年拿著政府允許兌換的十元港幣過關，由於大嫂長期身心疲憊，體弱有病，過了關幾乎已經要昏倒，大哥只好到關口外小「士多」求售牛奶，士多沒有牛奶，就問有否豆漿，好在士多老闆「醒水」，知道大陸初到者不知在香港「維他奶」就是甜豆漿。於是問「系咪維他奶啊？」於是花了幾毛錢買了一盒維他奶，大嫂靠此支持到了銅鑼灣的家。

誰不知住了幾天，大嫂弟弟對她說：「妳外嫁多年，已不是劉家的人，不能這裡長住啊！」大嫂父母均已去世，誰會再庇護他們呢？其弟的表態無疑給他們極大打擊。但大嫂長兄也是有知識有脊樑的人，何況眼看還要供養兩個在學孩子！於是忍著內心的極大痛楚毅然離家自立。在此期間大嫂大哥一邊用功補習決心考取醫生執照，一邊大嫂去做私家護理，等於給有錢人做保姆。大哥去做針灸，那時人們對針灸認識尚淺，生意難以為繼，甚至考慮去做計程車司機……等等。天公不負苦心人，幸運的是，由於都有優秀醫學理論與臨床基礎，幾年之後他們都順利考取了香港註冊西醫的執照，廣州姑姑聽到喜訊大呼：「我們家有人中狀元啦！」因為姑姑知道他們有了生活的保障了。

長兄被批准赴港團聚時，從小看著他長大的姑姑林瑋悲喜交加，姑姑北京女子師範大學畢業不久就遠赴馬來西亞怡寶，在霹靂女子中小學當了十五年校長，對資本主義社會是瞭解的。姑姑喜的是哥嫂一家可以擺脫那時候不當政治無休止、離譜地擾亂正常生活的環境，可以到香港過一個醫生的正常生活。悲的是她認為長兄的素質本來是足以當大任的，他的才幹本應在國內發揮。以長兄那時的年齡去香港從頭再來，充其量開診所做醫生，診所當家庭醫生當然可以為老百姓健康做點好事，但小小診所想發揮更大的才幹，似乎就欠客觀條件了。大陸改革開放之始，與長兄一起開發醫療體育的卓大宏醫生就被提拔為中山醫科大學黨委第一書記兼副校長，這充分證明了姑姑的看法，也怪不得姑姑為長兄的赴港謀生反而落淚了！

姑姑想不到的是，雖然長兄無奈脫離了最能發揮其才幹的客觀環境，但長兄畢竟還有關心大事、做大事的氣質！他除了當上了「中山醫旅港同學會創會副理事長」，更忘不了足球。長兄利用香港各種有利條件關注足球，他可以在現場或電視觀看許多重要賽事，可以翻閱最及時的足球雜誌，尤其省港杯等賽事，長兄會找辦法進入球場觀戰，會一會過去認識的圈內人，瞭解國內足球情況，介紹及討論國外足壇態勢等等。總之長兄在香港除以醫為業外，關心研究足球仍是他生活最重要的一個部分。

從以上的情況我們已看到，一個科班出身的醫生，以濃厚興趣愛足球、踢足球、研讀足壇雜誌、全面搜尋足壇資訊，與足壇各層面人士廣泛接觸交流，密切注視足球各種情況。數十年來持之以恆，使他對足球瞭若指掌，積累了很高洞察水準。實際上長兄是一個有實踐、有理論、有醫學科學知識和眼光的「超級足球發燒友」。這就不難理解為什麼作為香港註冊西醫，坐在香港私人診所卻能寫出令查良庸先生深為讚許的、關於國足改革、水準頗高而有建設性的文章了。

那麼長兄現在對中國大陸足球運動的發展持什麼看法呢？根據前面所述他長期對中國足球的熱愛和支持的基本態度，他長期對中國足球的期望和感情，他幾十年來對國足發展的觀察和瞭解，總的來說長兄對國足會與悲觀主義者有較大的差別，他沒有那麼悲觀，對中國的足球事業他依然執著地擁有一顆希望之心。那就是對中國足球今後發展，依然持一種審慎樂觀的態度！或者短、中期看淡，長期看好的態度。

理由是什麼呢？在〈足球！中國足球！〉最後一節「中國足球的展望」已有他觀點的基本陳述。首先長兄始終會認為中國這麼大、人口這麼多，中國有三十多個省市自治區，人民體質各異，足球風格有歐陸力量型，有南美技術性，有融滙兩者於一體的打法。中國人並非不適合踢足球，中國人是可以打好足球的。在他三十年前的〈足球！中國足球！〉一文中，他就強調：「足球應該是十分適合中國人的運動」。這一觀點可能受先父幾十年前曾經大加讚許的李惠堂（一九〇五—一九七九）的威水史影響：即使在那艱辛時期，中國足球也曾有過它的輝煌！一九一五年到一九三四年，國足獲得遠東運動會九連冠，一九三六年和一九四八年兩次入圍奧運。那時中國隊是亞洲當之無愧的霸主，基本壓倒日、菲、泰及印尼等亞洲勁旅。帶領中國隊取得這些成績的主要幹將李惠堂，早在一九二八年就被亞洲足協評為「亞洲球王」，李惠堂在各項足球比賽中，共射進近超過兩千個球，是迄今世界上進球逾千運動員中的五大巨星之一。所以一九七六年八月十三日，西德《環球足球雜誌》組織世界球王評比，李惠堂與巴西的比利、英國的馬修斯、阿根廷的斯蒂法諾、匈牙利的普斯卡什一起被評為「世界五大球王」！

第二，長兄十分瞭解中共對體育運動的發展、對增強人民體質的事業是重視的，開國之初中共就讓開國元勳之一的賀龍元帥掌管國家體育事業。中共對足球同樣重視，一九六二年鄧小平在微雨下到北京地壇體育場觀看兒童足球賽，表達中國「足球要從娃娃抓」最終成為足球強國的意念。

第三，中國大陸很清楚足球運動是所有運動項目的老大哥，足球運動是否普及和發達，更是一個國家體育運動普及和發達，國家先進富強文明的表現。現代先進社會，一個大國其足球運動尤其男足都很發達（不是說小國弱國足球就一定差），正因為足球的這些特性決定了已是泱泱政、經濟、軍事大國的中國大陸，不能繼續忍受在區區方寸之綠茵場上被習慣性、不合理的敗績所困惑，一定會盡最大努力登上世界足壇的先進行列，成為諸多足球強國中的一員。也就是說長兄看到發展足球是國家民族的需要。事實上改革開放以來，國家為提高足球水準所下的決心和採取的措施絕不比其他任何運動項目少。凡老一輩國足關懷者、從業者提過的經驗、意見，當今世界足球強國所做過的措施，在近幾十年的漫長改革中，國家足球管理當局儘量都做了，甚至有過之而無不及。曾經因為過分追求金錢利益而沾染於足壇的腐敗也得到了一定程度的糾正，不斷建立嚴格管控制度，足球正在一個比較健康的環境中前進。

第四，長兄看到，改革開放以來，中國的體育事業有了長足發展，在代表體育比賽最高水準的奧運會可以獲得金牌總數第一，女足取得過驕人的成績。中國足球運動潛質正在穩步顯現，不少球員受到很好歷練，出了不少高水準的球員，他們身體素質、平均身高、球技、勇敢和堅毅以至對足球的瞭解與世界先進球員不會相去甚遠。不少球員被世界強隊網羅，已顯現出他們出色的素質，只是暫時還未出現一、兩位突出的領軍人物，帶領一個有堅強集體精神，比賽中互相配合以貫徹高水準教練適宜戰略意圖的隊伍出現在世界球壇面前。

長兄林馨曾在家鄉捐資興建的教學大樓。

第五，世界足球界必定會大力支持中國足球運動的發展，因為中國足球發展不起來必定是世界足球運動一大缺失。

長兄必定認為國家可以變成世界第二經濟大國，國家對體育事業又如此重視，就一定能把足球發展到世界先進水準，而我們正在堅實地向這個方向邁進，但畢竟把足球運動全面發展起來是個宏大複雜的工程，何況其他先進國家也在不斷的進步。因此我們要花較多時間和拼搏去追趕，但可以肯定的是，假以時日，我們中國足球健兒一定能做到！一定能攀上世界足球的先進高峰。

以上的歷史記憶和觀點都是促使長兄對國足持樂觀看法，認為國足始終有一天會起來的思想基礎。

值得一提的是長兄秉承先輩對教育事業重視的傳統，他特別關心國家教育事業，為此他捐資在平遠東石中心小學建立了一座教學大樓，這也從另一個側面理解長兄熱愛國足，原出於對國家的熱愛，出於我們先輩一貫的熱愛民族，希望國家強大的赤子之心。

二〇一六年四月二十五日

十五　大嫂自香港來

香港島、九龍半島以及新界被英國人統治了一個多世紀後，這裡已發展成為一個與內地制度不同的發達國際大都市。這個大都市與中國內地之間大至國家政治、經濟，小到平民百姓親緣文化的往來都很密切。尤其面臨香港的廣州及珠三角，那裡人民與香港的關係就更密切了。一個「香港關係」往往對居住於大陸的人士會起到重要影響，這也許是當時香港被割讓時很少人會估計到的。

地處粵東北面山巒地區我的老家平遠因為離香港很遠，除了上世紀四〇年代中後期先父曾到香港接觸民主人士，瞭解國家形勢以外，我家與香港基本沒有什麼關係。五〇年代初長兄林馨曾考取廣州中山大學醫學院，我們這一輩人才不經意中與香港連上了一條小小的紐帶，而且這條小小的紐帶後來逐漸變大，不斷對我們的家庭產生頗為重要的影響。

一九五〇年暑期過後，從小受平遠山區靈氣浸潤、受山區特色中華文化薰陶的長兄作為新生來到廣州國立中山大學醫學院報到。與此同時一位穿著比廣州稍感時髦、外表靈秀清麗的女青年也因為考上了同樣的學校而來到了廣州，她就是自小立志為大眾健康貢獻一生，來自太平洋西岸、珠江出口而已經相當繁華的香港女孩劉端儀。他們倆被上天安排在同一個班，一對聰慧而充滿活力的青年就這樣開始了將要為今後行醫濟世打基礎的共同學習生活。

在緊張而愉快的學習生活中他們互相欣賞，逐漸建立了純潔而真摯的感情。畢業以後劉端儀小姐放棄返回香港，決心為國家的醫療事業貢獻力量。她與長兄之間堅貞的愛情也得以結出果實，終於結為百年好合。他們一起被分配在中山醫學院工作，由於他們的聰明才幹，在工作上優越的表現，還有他們之間深厚感情，又有了第一個可愛的女兒，使他們幸福地共同度過了一段美好時光。

長兄畢業時，我們家經濟情況仍很困難，先父沒有經濟來源，並於不久過世。媽媽名下還有四個兄弟姐妹正在唸書，僅靠阿姑資助和大姐若曾有限的工資實在捉襟見肘。所以長兄與大嫂畢業成家後馬上就擔負起這個沉重的家庭包袱。其實他們兩合起來的工資也不高，又有自己的孩子，但是大嫂沒有絲毫怨言，而且不時藉助香港娘家的經濟支持來幫補。

這一點母親在一九八二年寫給長兄與大嫂的信中寫道：

……我多謝你們孝敬的心意，尤其端儀在大學畢業和馨曾結婚後年紀輕輕的就和馨曾一齊負起林家的一切責任，一直捱到現在，仍未空肩。這是我親眼看見的事實，你們的忠厚和孝心，上帝一定祝福你們平安長壽，上帝一定賜給你們和你們一樣忠厚和孝心的兒女，上帝也一定祝福你們的事業順利發達，你們確實做到了全家尊敬的長子長媳，和長兄長嫂，你們是全家的模範。故你們給我晚年得到很大的安慰和放心……

大嫂由於受其父親愛國思想影響而決心留在內地服務國家，更由於對長兄深深的愛而放棄回香港過可以優越得多的生活。參加祖國建設堅定留在廣州與我們過清貧的生活，這些都沒有問題，問題是大嫂因此要面對那時內地複雜又無休止的各種政治環境，尤其因為我們家「官僚地主」成分帶來的更多額外麻煩。儘管如此大嫂依然與我們休戚與共並默默為我們付出。

上世紀五〇年代末六〇年代初中國經濟困難時期，廣州也不例外，飢餓使社會籠罩著濃重的壓抑氣氛。那一段時間只有得到香港親戚物質（主要是食物）接濟的家庭才會顯現出多少歡顏。幸好我們有一位自香港來的大嫂，她及時地讓我們家裡像不少幸運的廣州居民一樣能得到香港的食物補充。

至今記憶猶新的是，通過大嫂香港的家，會經常郵寄或自帶或託人從香港帶上來麵粉（大陸沒有的自發粉）、糖、豬油以及特別加了大量食油及肥肉粒的麵豉醬……等等食品。用麵粉加糖放適量自發粉以豬油一煎，就出來均勻發起、油光錚亮、香噴噴至今思之依然垂涎欲滴的白麵餅。裡面豐富的澱粉、脂肪、蛋白大大改善了我們的營養，補充了我們身體的需要，使我們避過了大量市民因飢餓而得的水腫等疾病，度過了那段困難的時期。

長兄與大嫂畢業後就結為百年好合。

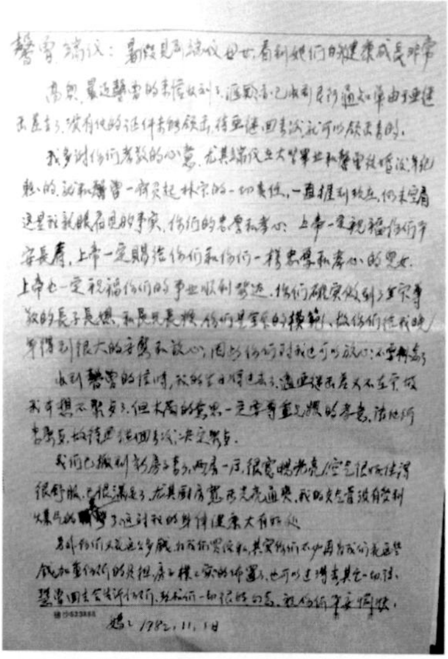
馨雷、瑞仪：[illegible]母女，看到她们的健康成长非常
高兴。[illegible]
[illegible]
我多谢你们孝敬的心意，尤其瑞仪在大学毕业和馨雷结婚后[illegible]
[illegible]的，就和馨雷一齐负起林家的一切责任，一直捱到现在，你们未曾[illegible]
这是我亲眼看见的事实，你们的忠实和孝心，上帝一定祝福你们平
安长寿，上帝一定赐给你们和你们一样忠厚和孝心的儿女。
上帝也一定祝福你们的事业顺利发达。你们确实做到了[illegible]
[illegible]的长子长媳，和长兄长嫂，你们是全家的模范，故你们使我晚
年得到很大的安慰和放心，因此你们对我也可以放心，不要挂念。
收到馨雷的信时，我的生日[illegible]
[illegible]
[illegible]
我们已搬到新房子，两房一厅，很宽敞光亮，空气很好，住得
很舒服，也很满意了。尤其厨房宽敞光亮通爽，[illegible]
[illegible]这对我的身体健康大有好处。
[illegible]
[illegible]
馨雷回来会告诉你们[illegible]，祝你们全家愉快。
妈 1982.11.1日

一九八二年，母親給長兄的信。

由於哥嫂是醫生，我們家的成員在醫療上能得到較好的關照之外，大嫂還會根據需要，從香港買進一些最新的好藥，使我們的病疼得到更好醫治，這在當時都是非常難能可貴的！

有一件事，我一直沒有忘懷：一九六一年大陸物質極為短缺，正在高中的我因營養和風寒感染了急性腎盂腎炎。哥嫂迅即安排我住進中山醫，經個多月治療痊癒出院，出院後嫂嫂又特為我從香港買來治腎病的好藥，要我再吃一個月，使我的腎病治療得更徹底。後來我查了醫書，知道這種病治療不徹底容易轉為慢性，轉為慢性的話後患就麻煩了。我相信現在我已過七十之年，腎功能似尚未有大礙，不能不歸功於當年哥嫂「難能可貴」的從香港進口的藥啊！

哥嫂都是新中國建立之初最先在「黨和國家培育下」出來的青年，他們是抱著對黨和國家無比熱愛和忠心參加祖國建設的有生力量。但那時大陸的狀況，喜歡不斷搞毫無建設性的政治運動，使人們經常生活在神經緊蹦的狀態。果然在吃的問題緩解之後，一個一個嚴肅的政治運動接踵而來，這種情況特別不利於那些所謂家庭出身「不好」、知識分子、港澳關係……等等情況的人，大哥顯然面對比較糟糕的情況。本來大嫂全家在香港，她完全可以申請離開大陸，回香港避開這些煩事過安定舒適的生活。但是大嫂完全沒有作這方面的考慮，而是堅定地與大哥不離不棄，與廣州家人共同生活。而且在兄弟姐妹遇到困難時，總是與長兄共同承擔、盡心盡力幫助。

這樣的例子不勝枚舉，在文革浩劫期間，由於極左政策的影響使我身陷囹吾，大嫂考慮我一個南方人身處北方極為寒冷地區，離親人萬里之遙，得不到任何照顧。於是在廣州親手為我一針一線地縫製棉衣、棉褲，寄到我生活的地方，這種珍貴而親切的關懷，使我永志難忘。

一心希望不改變為國家醫療事業服務初衷的大嫂，在文革浩劫極左路線最離譜的時刻，被草率下放海南最貧窮的地方，使她本已有病的身體以及幼小女兒實在無法適應，她才不得不決定申請回老家香港生活，最後得到批准，一段時間以後長兄與子女相繼也去了香港。到香港以後，大嫂與長兄以刻苦卓絕精神先後考取了珍貴的香港執業西醫牌照，奠定了生活基礎。與此同時依然惦念和幫助大陸生活的兄弟姐妹們（在《長兄與足球》一文中有較詳細提及）。

國家終於走上了正確方向，鄧小平複出我得到了平反，大嫂考慮我今後的前途，與長兄仔細商議，讓長兄通過合理合法的方式向有關方面反映情況，促使我很快得到「放生」，批准到了香港。當我到港之後，大嫂更在香港最困難的居住問題上，給我提供了關鍵性的幫助。同時哥嫂的西醫資格，又使我及全家在醫療費用昂貴的香港基本享受「免費醫藥」。這些都使我可以順利開始全新的人生之路，在我撰寫的《跌宕人生》中也有較詳細的描述。

改革開放也給內地兄弟姐妹逐漸帶來改善生活條件的機會，尤其在居住問題上，政府允許個人購買房子，但當初國內眾所周知的經濟水平，兄弟姐妹們都一下拿不出足夠的錢來實現這一願望，大嫂瞭解到這一情況，馬上給與及時幫助。當時大姐買房缺少人民幣一．三萬元，大嫂馬上決定支持大姐全部款項，並當即從同來廣州的朋友借夠數目給了大姐，此後對於其他兄弟姐妹在廣州的起始置業大嫂都給與同樣的支持。

上天不負善心人，大嫂長兄有兩個孝順的女兒，大女兒為他們特別添置舒適新居，小女兒對他們關懷備至。後輩的孝順比金錢更為貴重，使得耄耋之年的大嫂與長兄能沐浴在安逸的晚年中。

回眸我們這一代的情況可以看到，如果我們沒有一位「大嫂自香港來」，我們在那漫長、尤其社會情況極不正常的文革時期，在遇到和解決各種困難時最後結果會如何呢？那種境況是可以想像的，甚至是不寒而慄的。

因此兄弟姐妹們對大嫂，言語表達難免有較拙之處而心中都是感謝、銘記和祝福。

長兄與大嫂劉端儀於鑽石婚紀念時攝。

長兄大嫂祖孫三輩樂也融融。

十六 柔弱的身體和鋼鐵的意志

大姐林宛曾家中暱稱「梅子」，少年上學時期，她一直與銀紅表姐同睡。某晚已經很睏的她入房準備就寢，可是正鬧脾氣的弟弟不讓她進來，銀紅姐只好讓她先出去。大姐一點也沒有抗拒，但她實在太累了，就卷縮在門角一下睡著了，銀紅姐也沒注意到。等銀紅姐哄好弟弟睡著，銀紅姐自己又睡了，把「梅子」給全忘了。母親不久到銀紅姐房間查看孩子休息情況，見床上竟沒有「梅子」，把銀紅姐叫醒，查找下卻在門角落發現已經睡著的大姐，這樣才叫大姐起來回床上睡。不安中母親感到有點不妥，把此事告訴了父親，引起了父親的重視，就在表姐房間另一角，給大姐「行」了一張小床，旁邊放一張桌子，再給大姐一個小藤箱。父親說以後你就睡在自己的床上，在自己的桌子做功課，衣服疊放在自己的小藤箱裡。從此大姐開始有了自己一個小小的生活空間。這就是大姐小時候發生過的事，它反映出個子比較瘦小的大姐一些性格特點：文靜聽話，絕對自覺，不惹是生非，因為「管」她太省心了，以至小時後家人常會下意識地似乎把她忽略的程度。

我們家六兄弟姐妹，前三個比後三個年齡相差較大，父母就安排前三個關照後三個，大姐被安排重點關照我。事實上大姐對我一直是比較關心的，有兩次我把她嚇得要命。一次是與母親逃難在千金窩，我在圍屋門裡的大廳跑動不慎跌倒，胸部重重磕在門檻上，當堂昏死過去，把母親和她都嚇得夠嗆，最後母親用拇指大力按捺我的人中才把我救醒。又一次是剛到廣州時，乘船到石圍塘探望緒凱表哥，我因第一次坐船，十分新鮮好奇，一上船就溜上了頂層看江景，也沒給母親和大姐講一聲，船開了母親卻找不到我，大聲喊也沒回答。那時珠江正值春汛水大流急，母親與大姐一看這滔滔江水，懷疑我是否掉進了這滾滾黃流！想要求停船尋找又不可，好在船工幫忙之下在頂層許多自行車的地方找到了我，但是已經把他們嚇得「面青口唇白」了！

「解放」初，可能聞知北方土改情況，所以不知廣東農村會如何，母親、大姐與我是按姑姑的意見從平遠出廣州的。初到廣州大姐初中還未念完，未足十五歲，但一貫懂事的大姐十分明白，這是家裡最困難的時候。大哥剛考上中山大學醫學院，當然不能讓哥哥放棄來之不易的學醫機會。一個弟弟兩個妹妹仍在鄉下，生活上學都需要錢，爸爸工資有限，負擔實在有困難，也不能全靠姑姑的支助啊！於是她毫不猶豫放棄自己的學業，把自己年齡報大，在廣州親戚「陸曾哥」的幫助下進入「廣州銀行訓練班」，參加工作幫補家計。大約在半年內大姐的工資只有十五元，但是他把這僅有的十五元絕大部分交給先母，自己只留少部分，從廣州的河南步行到河北「銀訓班」上班，天天如是，最後梅姐雙腿的寬關節都出現問題，才開始坐車。身材單薄的梅姐就這樣默默堅持支持母親、支持「解放後」多年來整個家庭困難的經濟。六〇年代我整個讀大學期間，是她每月支付我十五元直至畢業。也因為這樣使梅姐到三十多歲才結婚，這在當時是極為罕見的。梅姐這一切對家庭的貢獻，愚昧的我一直沒有細細琢磨，當年的梅姐是多麼不易、多麼偉大！

梅姐還有一個令人十分佩服的地方：她如此早就參加工作，一直在銀行最基層埋頭苦幹，光過手點算的鈔票就不知有幾多百籮，竟然幾十年沒有出錯。更驚險的是她經歷了所有毛主席他老人家能想得出的「運動」，什麼「鎮反」、「三反五反」、「大躍進」、「四清」尤其最後長達十年的浩劫「文革」。在當年大陸這些「運動」經常會出現政治形勢極端兇險的環境，有卓越處理實事天分的梅姐竟然能夠「穩坐釣魚船」，安然沒出過大件事，連暫時下放農村勞動的事都未攤上過！要知道即使「出身好」的員工也都有很多沾上大小不同程度的「災禍」，例如被處分、被下放甚至開除、判刑。而大姐這個成分屬於「最反動」的剝削階級「官僚地主」的大小姐，卻在不停地一個接一個、日趨激烈的暴風巨浪中，始終安穩地把自己人生的航船駛到了彼岸，幹到了退休。退休前還是工商行專門負責稽核工作的負責人，這真是柔弱的身體顯現出來的鋼鐵意志，是平凡中的奇蹟，也是個並非驚天動地的偉大，體現了我們家族中歷代女性都具有的那種傑出特質。

現在大姐已是耄耋之年，她婚後所生的一女一男，湊成了一個「好」字，子女媳婿都十分孝順，小孫女玥玥更聰明大氣，成了梅姐日夜思念的開心果。而姐夫李平哥仙逝之後，梅姐跟隨女兒女婿生活在紐西蘭的漢密爾頓市。因為年輕時梅姐如母親一樣，都就讀於梅縣基督教學校《廣益女子中學》，從小在宗教上受母親一定影響，所以她現在是個極為虔誠的基督徒，積極參加漢密爾頓市華人基督教會的所有活動，並在教友中頗得敬重。

還有一個令人驚訝的是，她的洋人女婿陶殷文（Emmanuel Turner）先生在女兒李帆調教下說得一口流利的廣東話，對梅姐尊重有加，呵護備至，這也許是上帝對梅姐艱苦一生應有的回報，更加是蒼天告訴人們篤行孝道必得上天好報啊！

十七　林家重視教育的傳統

長兄希望就林家重視教育的情況做點記述，我覺得很有道理，因為這關係平遠東石林家的真實情況。而經上面的文章，現在也基本有條件作一定的總結。於是我就依據個人從學習族譜等材料瞭解到的情況，儘量客觀「濡筆述之」。但畢竟認識有限，如有不妥僅請見諒。

我們客家人多是躲避北方動亂而南下的漢人，因此十分重視漢文化的傳承，無論貧富對教育都很重視。嘉應五屬是客家人南遷最後一個落腳點和衍播四海的出發地，素有良好教育風尚。

平遠東石涼庭林家一直秉持客家人的傳統，對教育特別重視，這樣的家風使族中人才輩出，造就了許多具有社會實學的人才，使家族整個文化水準處於社會較高層次。

從曾祖奏臚公開始，奏臚公是個很會唸書的「拔貢生」，只因家母有病等原因停止了士進。但他在鄉間很有威望，是個「生前崇人望、死後系人思」的傑出人物。

到奏臚公第二代：

魯傳公，他也是拔貢生，一九〇二年他二五歲，清廢科舉，但奏臚公仍是平遠學識人品俱佳之頂尖青年，被專門選派去進修師範，然後回縣推介新式教育，對平遠教育貢獻良多。魯傳公堅定支持中山先生革命，是丘逢甲北上商討中華民國開國政略的主要幕僚，當粵省議員時在反賄賂中起中流砥柱作用。二叔公鵬翼是清監生，後成醫術高明的中醫，我小時犯有昏死病每次都灌他配的藥就甦醒過來。三叔公林震二十六歲成中將師長，在民初北伐中肩負敵前總指揮重任，打敗張勳促使清廷退位，建有歷史功勳。演存姑婆是第一個平遠女留學生，赴日學醫，積極參與辛亥革命，中國紅十字會早期發起人之一，協助民國第一任總理熊希齡創辦香山慈幼院，擔任慈幼院醫院院長，救助無數孤兒。他們的文化修養可見一斑。

奏臚公第三代：

先父公頓北大畢業，積極參加五四運動，在擔任民國官職中清廉正派、為平遠早期現代化嘔心瀝血，被認為是平遠歷史上五位最好縣官之一。他能審時度勢，為平遠和平解放做出重大貢獻。粵叔留學美國麻省理工，所創立的林氏劈因法，係現代世界第一個以中國人名字命名的數學解法。他得博士學位後迅即回國積極參加抗倭和建設，後來成了北航創始人之一，被錢學深譽之為中國陀螺鼻祖，為國家航空航太事業做出巨大貢獻，愛國之情天地可鑒，以至北航以其名設立「士諤書院」並為其立有銅像永誌紀念以及激勵學子。林偉姑姑北京女子師範大學畢業，畢生獻身海內外教育事業，是個兢兢業業的教育家。秀芬姑上海同濟醫學院畢業，是個出色的兒科醫生。旭齡叔叔清華電機畢業，電氣工程師。以上他們的文化程度當然也不言而喻！

奏臚公的第四代：

雖然面對絕然不同的時代氛圍，長兄馨曾中山大學醫學院畢業，中山醫運動醫學專科開拓者，現香港註冊西醫。大姐宛曾因年少參加工作，幫補家計耽誤上學，後來他考上武漢財經學院，僅因考慮氣候等情況而未就學，但他在銀行負責稽核工作表現突出。二哥紀曾在艱苦環境中考上北京大學，成為地球物理專業一位教授，任廣東省地震局副局長之職。北京的德偉兄受粵叔政治情況影響沒能上大學，靠自己努力成了研究熱力電器的高級工程技術人員。二姐若曾也受時代政治情況影響未能上正式大學，可是上了函授大學，後來在某工廠醫務室做一名醫生直至退休。洪曾兄也是通過在鄉間艱苦奮鬥，考取中山醫湛江分院，學成後在東莞鳳崗衛生院擔任醫生、院長直至退休。志曾兄也在艱苦條件下成為一名教師。三姐定曾畢業於中山醫學院，後進修中醫，成了一位善於中西醫結合治療的醫生。可見第四代的文化水平依然甚佳。

在談及林家重視教育之事時，不由得想起歷史記載清末梅州有「舉子如雲，進士輩出」的情況，但期間嘉應五屬中平遠讀書人長時期不出「舉人」，所以梅、蕉等地對無進展的讀書人就調侃為「平遠秀才」。

其實僅看平遠東石上涼庭我們林家：出現一位麻省理工博士、有國際學術成就的林士諤不用多說。即以先父、士驤叔及下一輩的長兄（先父、長哥情況已有闡述，在此從略）、二哥紀曾、曉曾等他們的讀書水準都是很高的，並出現先父與二哥先後成為北大學子這個值得一書的故事，可見平遠人讀書實在不差！

話說光緒三十一年（一九〇二年）正式廢除科舉前的一八九八年，清政府已設立京師大學堂即現北京大學前身，京師大學堂最高一級（即本科）的畢業生會被授予「等同進士出身」，得「進士」者按當時情況朝廷一般給個縣太爺當當。

民國二年改「京師大學堂」為「北京大學校」，先父民國七年就考入胡適認為是：「上承太學正統，下立大學祖庭」的北京大學，他曾積極參加「五四」運動。畢業不久也當了縣長。可見先父的水準比之前清朝「進士」不會差太遠吧！

二哥紀曾生於一九三七年，「解放」後一九五一年家鄉「土改」先父已在廣州「南方大學」學習，媽媽、大哥、大姐和我根據阿姑的意見都已到了廣州。在鄉下面對土改最大的男性是二哥。

家裡被定為「官僚地主」後，二哥不但成了地主鬼的子弟也似乎成了地主鬼的代表。在「群眾發動起來」後，湧現出的「勇敢分子」常在晚上吆喝地主鬼和他們的子女站到「禾坪」上，訓話之外讓他們面對一些難堪的指令如學狗爬等……當時只有十四歲的二哥由於平時在鄉間人緣不錯，面對眼前人身屈辱，他卻能不卑不亢從容而巧妙應對，以至於「勇敢分子」們對他也另眼看待，捨以「優待」云。

噩夢般的土改收鑼後，二哥沒有忘記我們家讀書的傳統，他馬上想到的是自己必須繼續學習。但面前的事實使他非常清晰知道：地主鬼的子女在本地隨時會被剝奪上學的權利，於是他一方面抓緊複習因土改耽誤的功課，一方面與被定為我們家「長工」的銀紅表姐商量選定某日，利用天未亮的時候機警步行離開上涼庭，徒步到百裡外的梅縣去投考高中。二哥以他紮實的初中學習基礎考上梅縣郊區一間名氣不太大的中學。在這裡沒人注意他的成份了，他得以潛心苦學，發揮本非一般的讀書天分，他以吳王夫差臥身嘗膽的刻苦度過了三年高中生活。一九五六年他充滿信心地考上了全國頂尖的高等學府——先父曾負笈於此的北京大學，並為梅縣這間名氣不大的中學開創了歷史的先河！

一九五七年「反右」，在「大鳴大放」中不慎表達了幾句什麼，幾乎中了「陽謀」之計。好在二哥及時機警地發現了自己的處境，他經過艱辛的「思想鬥爭」，依賴自己不俗的文采天分給有關上級（據說是胡耀邦為書記的團中央）及時而真誠地把事情解析清楚了，最終脫了關係。二哥如此年輕就具有這樣的讀書和處事能力，使家人敬佩也使我想起：族譜中記述的祖輩們：曾祖父奏臚公、祖父魯傳公、三叔公林震、先父以及粵叔等都是年少當家或二十多歲就出成績的青年，二哥無疑繼承了他們的優良傳統。

二哥後來被提拔為省地震局副局長，應該也是過去進士才能幹的職務吧。至於學術上的成就在他自己的「臉書」上有詳盡介紹。由於專業性較強，我就沒有條件介紹了。

不過先父與二哥一對父子先後成為北大畢業生，他們創造了遠離北京的邊遠地區（平遠），一個令人稱道的佳話。如果北大畢業生依然「等同進士出身」的話，那麼「父子進士」在清朝是可以立牌坊永志紀念的！這就是我們林家注重教育出現的又一個「值得一書的故事」，筆者水平不高，「僅書其榮榮大者以訊來世」也。

十八　跌宕人生

德偉堂兄二〇一六年來紐西蘭探望我，說起對自己一生的評價，他說：「我這一生最大的幸運就是平平安安沒出什麼事。」我笑著對這位有安穩福氣的堂兄說：「我的一輩子卻沒有您的福氣，我是在跌宕起伏、險境環生中度過，這當中有時代的因素，更主要還是自己缺乏聰慧！」

如上面各章節所陳述，先輩所處時代與我們絕然不同，他們面對的巨大困難不比我們小，但他們取得了有目共睹的成就，曾為社會所認可及讚許，我們是沒有資格與他們突出成就相比擬的。另方面在我們這一輩，也面對許多普遍性的具有時代特徵的共同困難，但一些同輩他們的人生依然很出色，相比之下我平庸的人生就不值一談了。

所以在打算為自己寫點什麼的時候，我是非常猶豫的。

只是我個人的人生軌跡，與祖輩不同，與同輩也有相異，因為畢竟自己年紀在同輩中也屬較小。我接受大學教育到走出社會，正面對文革浩劫、毛先生運用其嫻熟的「痞子運動」試圖徹底改變中華所有歷史遺產，只留下他老人家紅彤彤的世界。這是近代中國社會政治運動最兇險的一刻。正是面對這樣的社會特點，使我與同輩也有相異之處。

作為一個大陸定義為「剝削階級家庭出身」的分子，面對這樣一個特別時期，我的人生總體脈絡又與同一年齡段、大量出身相同的人有典型契合之處，於是我的「閱歷」也能反映這個大時代另一個小側面。寫出來使後人對這個小側面的特點又有所瞭解？這正是我敢於貿然下筆的唯一理由！

少小頑劣有母蔭，在校勤學屬家風；
文革時勢劫難逃，放生香江遇轉機。

以上幾句基本上總括了我一生的大略情況。

我是彥英公的第二十一代了，我出生成長的年代，比之祖父輩時期的中國社會情況有很大的變化，歐洲不少國家民族沉浸於馬列或其他革命情懷之後，逐漸開始步入正常社會發展。而中國性質複雜、合理性存疑的革命在取得政權後，直至上世紀七〇年代末，始終熱衷於和平時期的鬥爭和折騰。和平時期的「階級鬥爭」其巨大特點是：出於權力的鞏固或其他什麼目的都好，它要無端尋找假想敵人。以往在革除大清、建立民國有所作為人士，及其他例如有點資產、社會精英等等，其本人或後人首當其衝地逐漸成為被鄙視、打擊的對象，甚至被「專政的」敵人。我的人生軌跡與這一時期時勢的波動起伏基本是一致的。

由於是父親最小的兒子，兒時體弱多病，所以得到母親的特別照顧，這也許是致使年少時比較頑劣的原因。在學期間的小學、初中基本還是只會貪玩而不知進取。只有到了初中後期，知道必須要上高中，然後一定要進大學，所以才知道自覺努力學習，這與客家人特別我家先祖對教育尤為重視的家風不無關係。

由於高中期間學習自覺努力，畢業證書後面印的成績單絕大部分都是五分（當時採用蘇聯五級計分法）。高中三年每年有十多科，每個學期兩次考試，所以三年六行成績都是密密麻麻的「五」

字，語文、生物兩科除外。

高考報名，班主任鐘毓槐老師為我報志願找我談話，用一口客家音的普通話驚訝地問我：「林慧曾你怎麼是官僚地主家庭成份啊？」由於成績不錯，尤其數理化，鐘老師平常挺喜歡我努力學習的態度。他當然希望以我的成績幫我報一個好志願，考一個好學校。可是他看了我的家庭出身後顯然很惋惜，擔心我的家庭出身會令我讀不上大學。鐘老師當然十分清楚當時的政策，像這樣家庭出身的學生，想上大學那是「癩蛤蟆想吃天鵝肉，做夢！」當年鐘老師對我厚愛的那份好意，我至今仍心懷感激。

想不到的是，我的運氣還不錯。原因是一九六二年大躍進、人民公社、大煉鋼鐵等運動使國家經濟處於極差狀態，這導致國家政治形勢轉向寬鬆，使前幾年招生的過左做法「降溫」！陳毅元帥在他的一個報告中說了：「皇帝溥儀都能改造過來，為什麼剝削階級家庭的青年我們教育不好呢？」為了糾正「剝削家庭出身」的青年學生完全不予取錄的「偏差」，那年整個中國高考招生比較注重學生本人的學習素質及個人品行。就這樣雖然那年招生數量只有全國高三畢業生的一〇％！我還是考上了當時屬於全國重點的一類工科大學——華南工學院（現在的華南理工大學）。

無疑這是我幸運地遇到的一個絕好機遇，當然這與我努力學習，高考成績較好，以及鐘老師給我一個很好的品行評語都有關。因為政策走向雖然改變，以我的家庭出身，如果成績品行不好也是絕對不可能讀上大學的。

大學是考上了，可是不可能讓我們這種出身的人唸心儀的專業，我被分配在一個以輕工業為主的科系。事實上從小成長在新國家，學校和家庭都灌輸對新國家的熱愛，自己也的確與其他年輕人一樣熱愛新社會。但是自己卻蠢到根本沒意識到家庭出身已決定了自己的社會地位，是當時的「天生的政治賤民」，不能與所謂勞動階級子弟有平等政治對待的。見一些同班同學平時學習並不好，卻去了好大學好專業。所以對分配的專業很不喜歡，想放棄不讀，下年再考。

現在想來，好在當時沒這樣做，否則等於自己放棄了在那種政治氛圍中上天給的唯一寶貴機會，那就永遠也別想讀大學了。如果當年我讀不上大學，以我的家庭出身、我處世行事、生活技能的粗陋，估計我整個人生軌跡會面目全非，不敢想像會有什麼後果，但肯定會比現在差很多！所以這次機運對我此生實在太重要了。

大學是青年生命中最寶貴的時光，是長身體學知識、成為一個有現代專業知識、既能為己自立於世，又能為國服務的精英人才的一個關鍵階段。而我們那個時代的大學卻沒有也不可能實現這些。頭一年還正常，第二年政治氛圍有點緊，第三年政治就像霧霾一樣彌漫我們的學習生活，同學之間也失去純樸同窗關係。下鄉參加「四清」後，政治霧霾變得更濃重了，政治成為第一要素。大學生首務是被驅使參與他們絕大多數根本不知頭緒的政治運動，與古今中外培養社會精英的傳統方法南轅北轍。第四年即一九六六年的六月「文化大革命」在全國全面推開，停課鬧「革命」，高校變成了高層猥瑣骯髒而殘酷政治內鬥的演技場。絕大多數學生懵然不知：在這場人類歷史從未發生過的醜劇中，他們只是一個被利用愚昧地隨波逐舞的卒子，還自以為是鍛鍊、考驗著「革命徹底性」！

我們本來應該在一九六七年畢業，但文革發展到六七年爛了尾，許多事已不可收拾。絕大多數學生對政治活動疲遝了，對「革命」厭倦了。「復課鬧革命」勁頭也不大，只是到最後才找老師補一些專業課，去廠裡實習了一個多月，過了一段很長的「逍遙」期，一直延到一九六八年才被分配出去。

在這段「逍遙期」，不少同學抓緊時間補課。我由於家在廣州，所以除了補課，經常返回廣州造訪包括中學甚至小學的舊同學。老朋友敘舊解悶，這成了我實際接觸社會的開始，但想不到因此令我無端得咎。

事因文革造成政治氣氛緊張、人人自危、經濟生活貧乏，社會民眾不滿和失望情緒充斥。廣州（珠三角）「督卒」暗潮洶湧，所謂「督卒」就是偷渡香港，我自然也聽聞許多這方面的路邊消息。

當時我有個相熟的朋友來過我家，在我家見過一本《廣東畫報》。某日他問我能否借那本畫報給他？因為該畫報登載了深圳平湖水庫地圖，地圖是報導平湖水庫修建工程情況的，但是那幅地圖對深圳周圍情況畫得很詳細，對「督卒」很有用。因為該朋友弟弟參加武鬥，被廣州警司通緝，企圖「督卒」。我考慮那是一份過期很久的《廣東畫報》，就拿給了他，這事在不經意中做了，也很快忘了。卻想不到朋友弟弟不久偷渡成功，但是我朋友卻因此在工廠被「揪出來」鬥爭，後來知道這位朋友在三角皮帶伺候下亂了方寸，連誰給的「地圖」都拱了出來，於是把我牽連上了。

本來這種事在廣東尤其廣州市應是小事一樁，何況我已服從分配到東北安定工作一年多，到東北後也從來沒跟這些人聯繫，說明我個人絕無「督卒」的想法，至於此案還涉及什麼我也懵然不知。但在北方，當材料通過華工轉到廠裡保衛科，等於給那個時代廠裡做這種工作的人從天上掉下個大餡餅，為他們的遷升提供一個天賜良機。所以我也就被定性為一個「叛國投敵」集團的反革命，於是我被抓起來，數年身陷囹吾。

直至改革開放後，對這種問題已有合情合理的看法，我的長兄也從香港詢問失去聯繫的弟弟究竟出了什麼事，這樣我很快得到省《落實知識分子辦公室》高陽主任親自關注，很快「平反」了。回原單位後不久我趁勢申請到香港探望大哥大嫂，而且很快得到批准。

……

有關我初到香港以及在香港立足的過程，我曾撰寫兩篇文章〈放生〉和〈立足〉，這兩篇文章對瞭解我此後的情況很有幫助，現節錄介紹如下：

（一）〈放生〉

1. 喜領放生證

北國初冬，糖廠的榨季已到，全廠包括鍋爐、石灰窯、切絲浸出、清淨過濾、蒸發濃縮、結晶分離、成品包裝、機修等車間都在緊張準備投入生產。甜菜已堆滿儲菜場，只要各車間準備工作就緒，一聲令下甜菜就會從流送溝經洗滌暖化源源不斷送進切絲機，二十四小時左右，柔軟而白花花的棉白糖就會「橫空出世」了！

因為開機前支援清洗蒸發罐，又是下夜班，比較累。下班後吃完早飯，正準備蒙頭大睡。還沒脫衣服，忽然聽到宿舍中間大門處有人大聲叫喊：「小林在嗎？」我緊忙打開房門探頭去望，一看原來是同科室廣西佬悅剛興高采烈地向我走來。他的四方大嘴，笑得如此燦爛，然後以他欽州口音的廣東話對我大聲說：

「喂！有好消息喔……，你估下系乜嘢……？」

「加人工！」因為那時改革開放剛開始，國家開始給職工增加凍結了多年的工資，我於是不經意地隨口回答他。

「比裡個重好！」悅剛咧著大嘴繼續開心地笑。

「加兩級人工！」

「唔系……，比裡個重要好！……你戇戇啦！」悅剛叫我「戇戇」（想一想），使我腦際豁然之間與我的申請，我的到香港探望長兄長嫂的申請聯繫了起來！但是一想我的申請才遞上不到兩個月啊？難道真的這麼快，我被有關部門批准合法出境了嗎!?悅剛要通知我的就是這個消息嗎？他這個對「香港探親」相關意義瞭如指掌的老廣沒有理由為我高興得完全超乎尋常啊！於是迅間我就脫口而出：

「系咪批咗啊？」

「系啊！公安局來咗通行證啦……，快的啦，孫科長而家系技術科啊，你快的去搵佢啦！」

嘩……！霎時間我腦殼幾乎「轟」了一下。這還得了！試想那是七〇年代剛過八〇年代伊始，在遙遠的北方啊！

須知，那是國家大政方針走上改革開放，我本人的案子獲得平反以後，我才敢於決定公開申請去香港探望長兄長嫂。但那只是抱著試試看的心態，怎敢奢望會被批准呢？以前申請去香港以及出國，幾乎都不會批的。廣東人尤其珠三角的居民都知道，拿一張合法通行證到香港，在那個年代簡直比娶嫦娥為妻還難！

那時對香港，社會上公開是批判貶斥的資本主義反動地方，雖然與公開截然相反，多少人對這個神祕的地方暗中傳頌與嚮往，他們也心知肚明那正是實現美麗夢想的城市，但都不敢隨便觸碰更不敢隨便申請前去的地方！

多少人為能涉足這個與廣州並不遙遠的夢幻地方，無奈採取「偷渡」方式，付出了他們血和淚的悲劇，甚至獻出了可貴的青春與性命，所以今天在海外華人世界裡的「渡友一族」依然深感慶幸。

至於我的申請如此順利，據我們廠裡在我之後批的一位上海籍先生說（他的申請我幫了一點忙），原來是文革當年政府中負責處理我「案子」的負責人、復員軍人陳先生，那時已升任為當地外事部門負責人，他說小林的案子是錯誤的，當時的處理是迫於形勢。他表示一定要幫幫小林！我才明白快的原因。

話接回上頭，這時我意識到，我居然可以面對如此好運，意識到重要時刻可能開始。我即時的興奮之情，絕不會差於當年中舉的範進，應該有過之而無不及！只是我並不脆弱的心靈使我未至於神經失常就是了。

也不知為什麼，我機警地意識到，我必須壓制著喜悅心情，然後對悅剛說：「喂，老友……唔該曬！我馬上去搵孫科長。」因為本來就還沒換睡覺的衣服，於是我扭頭直奔廠房大樓！加緊腳步很快就到了廠房大樓的大門。

生產期廠房是要保溫的，大門外掛一層厚厚的棉被門簾子，我進到裡面。想不到與此同時二道門也打開並出來一個人。一看這別著滿屁股小工具的人，不就是電工宗書嗎！宗書是上海廣東人，到東北下鄉的知青，表現好被分到廠裡當工人，因會說廣東話所以我們來往較密。

這時二道門與門簾之間，只有我與這位廣東老鄉。宗書用廣東話問我：「嘩！咁急去邊哪？」我本想與他說說，但想到話短說不清，話長沒時間，這裡又是人來人往的地方，不宜說話。最主要是我正興奮得不能自已，興奮到有點亂而失序。我神經質地、下意識地拉著小梁的胳臂，只咧嘴笑著反復拍他的背，口裡念念有詞：「好事！好事！」「今晚講比你知！」宗書以不解的眼神探視著我。

「哦……，乜嘢事啊，咁誇張嘅？」

我也來不及與他多說，放下抓他胳臂的手，打開二道門進了暖烘烘的車間，拐個彎上樓梯，往技術科走去。也不知為什麼，在上樓梯時自己又突然想起：「誒呀……，不能如此興奮！」因為文革的經驗告訴我，做人的準則，好事當前，表露過度的興奮是不適當的、不可取的。要是萬一讓對你存心不良者看見，妒忌之心驅使下，感到沒必要讓這「小子」如此得意，只要略施小計，很可能不利的事情就會意想不到的發生，那時樂極生悲，後悔也都來不及了。

於是我按捺了自己興奮之情，回覆平日安詳而不卑不亢之態。

不一會進入了技術科辦公室，其中一位當班同事告知我：孫科長就在他自己的辦公室裡，我走到那輕輕敲門。門內傳出一聲「進來！」，於是我開門進去。孫科長看見畢恭畢敬的我，客氣得很：

「小林你坐」。我就在他辦公桌旁坐下，隨之開口：

「孫科長，聽說我申請到香港探親的事批准啦？」

「是啊，正要通知你呢。組織上考慮你與大哥大嫂隔絕多年的實際情況，批准你前往香港探望他們，這是組織上對你的照顧和關懷……。」同時他從抽屜裡拿出一張藍綠色港澳通行證遞給我，我第一次看見這難得的寶物！但那時對赴港通行證「雙程」、「單程」的概念不太瞭解，總之認為批了就好。再看裡面規定，可以在三個月內出發，於是我與孫科長說：

「非常感謝組織上的照顧，我一定安排好時間前去探親。現在廠裡馬上就要投產，科裡的事也很忙，味精車間的安裝圖我還有一些沒畫完，就等生產正常，我的圖紙完成以後，我再出發吧。」

孫科長聽了很滿意。

「好！那就這樣定下來吧，先把眼前的工作做下來，完了好好準備一下，到時早去早回。不要辜負組織對你的信任與照顧！」

於是我極其珍重地把「通行證」從孫科長手裡接來，這可是皇帝給的放生護身寶貝啊！我慎重地放在貼身襯衣的口袋裡，再用手壓一壓，感到妥當了，然後向科長道別。

2. 走得快好世界

走出科室，本應馬上回宿舍睡覺，我突然想不如先打個電報給廣州家人，讓他們也一起高興一下，於是到街上電報局發了個電報，之後才回去睡覺。睡得是很熟，可能是興奮的勁還沒過去吧，睡的時間並不長，很快醒了。一看才是下午兩點多，就在床上躺著琢磨：覺得這種事還是趕早不趕晚，「夜長夢多」，等什麼等！廠裡的工作什麼叫做完？不如儘快走吧，「對！」內心不禁喊了一聲。怎麼辦？現在不是才下午兩點多嗎，孫科長還沒下班呢，回科裡跟孫科長要求一下！就這麼決定了，於是稀裡差啦穿上衣服鞋襪，徑直又往廠裡走。

果然孫科長還在，因為馬上要開機了，技術科特忙，孫科長正與科裡其他負責人商談完什麼就要離開科室到現場去。我及時碰見他，就把來意告知，他還是客氣地讓我「進屋談」，坐下之後我說：

「孫科長，上午我回到宿舍考慮了一下，我覺得還是先走吧，您說得很對：「早去早回」，探完親就了結了一件事，以後回來可以一心樸實工作，省得現在心裡七上八落影響工作。」孫科長聽了我的意見，想了一下，溫和地回答：

「你說的也對！早去早回，算完了一件事，這樣你也就可以安心工作了。」

孫科長好說話，同意了我的要求，我感到真的幸運，隨後就說：

「那我明天開始就不上班了，做做準備，把一些該交代的事弄明白，一兩天內就出發。」孫科長說：

「好！」與孫科長道了別，約定明年見，我就匆匆離去。

……

第二天一大早，我又到電報局發個電報給我太太，通知她：去香港的申請批準了，我要馬上先回廣州，然後通過廣州去。請她馬上到市裡我朋友季工家，我會在那等她，然後一起去廣州。其實那時我與太太只是已經登記，還沒正式舉行婚禮。關於我申請到香港探親的事，由於對申請是否能批不敢奢望也完全沒底，而當時的她對去香港究竟意味著什麼，她是一竅不通的，更沒期望過我最好去什麼香港！所以關於申請的事此前沒太認真向她述說。

打完電報我就急忙回宿舍安排自己的行旅雜物，基本上，一床被褥是要留的，因為不確定去港後是否還要回來。其他凡感到多餘的東西，自己不能帶、不必帶的生活用品等，都分配好，準備送人。因為那時國內的物質還很缺少，而我知道香港的生活用品極為豐富便宜，比國內的款式、質量都好很多，萬一還要回來，就在那請哥嫂再添置即可。

老鄉悅剛老婆孩子一個家，在北方生活已挺長時間，不缺什麼，個人生活的東西就不給他留了。宗書還是單身，許多東西合他用，儘量送給他，那床被褥如我不會回來也給他。其他這裡的朋友，能送點什麼的也儘量安排送點。

就這樣忙亂了一天，吃完晚飯回來，發現房間的電燈壞了，我就取了個新燈泡自己換，在平常這是再簡單不過的事。可當我搬了一張凳正要開始操作，心想這回可得小心，不能觸電。這要觸了電，一輩子人家才給你的一個寶貴機會，就這麼因為換燈泡而喪失了，去不成香港了，這不太可惜了嗎！於是我換穿了乾燥的厚底膠鞋，櫈上多鋪一層幹布，儘量以右手來操作，這樣即使觸電，電流也會離我心臟遠點！不至於心臟被致命一擊！總之儘量以我瞭解的電工知識來做。

終於燈泡換好了，我條件反射般地冒出那時的習慣思維：這簡直是一個偉大勝利，是在他老人家光輝思想指導下取得的勝利！我應感謝他老人家！應高呼他老人家和他的思想萬歲！萬歲！萬萬歲！……，當然我十分清楚，這剎那間的條件反射簡直滑稽得哭笑不得！

……

第二天我離開了廠子，如期到了市裡老朋友季工的家，太太很快也到了。在季工家做的飯，飯後就到馬總、馬太太家裡座。季工與馬總、馬太太都是南方大城市來的，我們互相認識多時，對有關情況不用介紹都很瞭解。他們衷心祝賀我獲得了赴港通行證，馬太太還把她妹妹以及女兒在香港的通訊地址告訴了我，讓我到時與他們聯繫。

我在朋友家沒敢多逗留，隔天買了從北京轉車到廣州的火車票，我與太太一起奔赴廣州了。

經三天的舟車勞頓，終於到了依然一片碧綠、鮮花盛開而相當溫暖的廣州。經與大哥聯繫決定了過境日期，大哥還決定上深圳接我，二哥將送我到深圳，我太太在廣州住一段時間後，二哥還將送她到北京。這是由於二哥在廣州某單位工作，以他的職務，可以拿到去深圳的邊防證，也有經常出差北京的任務，所以可送我又可送我太太，也真是夠麻煩他的了。

按規定我到廣州中國銀行換了二十元港幣，這是政府照顧探親人士的車馬費，在當時外匯緊缺的情況下，也是當局的良苦用心啊！

二哥與我到了深圳，因為證件不同，我們不能同住一個旅館，我以通行證可以住在一個比較好，較為接近邊界、專門接待過境人員的旅店。

該晚，飯後進了旅店，我立即被旅店寬闊窗子外面的夜景所吸引：往外望去可見一排高高的、上面裝有光亮奪目照明燈的整齊鐵絲網，蜿蜒曲折地向兩邊伸展很遠很遠。由於鐵絲網在明亮燈光照耀下磷光閃閃，夜間的眺望使人覺得彷彿是一條一望無際、在逶迤舞動中被定格了的火龍！我意會到這就是傳說中著名的英界那邊防止偷渡的鐵絲網！既然實際上這是一條曾造成多少人悲劇般地被阻隔的設施，但它的美幻氣勢是我有生以來首見！

3. 終於來到資本主義大觀園

第二天一大早根據約好的時間，我、二哥與大哥在邊境禁區前相見。二哥再不能前進了，互道珍重之後，二哥目送大哥帶著我走向英界。

來到出境大廳，驗證的人員是比較嚴肅的，而檢查行旅的女工作人員就顯得比較客氣，因為沒帶什麼東西，華界這邊很快就讓我過去了。

與大哥匯合後，我們走向羅湖橋，那時的羅湖橋就是現在鐵路專用比較低矮的那個。當我們走到羅湖橋中間，看見一條陳舊的紅線，大哥特地叫我停下，指著這條已被踩踏得顏色淺淡、並不起眼，約有二十公分寬的紅線對我說：「這就是資本主義與社會主義的分界線啦！你用一隻腳踩北邊另一隻腳踩南邊，這樣你就腳踏兩種社會制度啦！」這一陳述立即引起我極大的感觸。對於我這個雖然生於民國，而開智以來從未接觸過資本主義社會，只受共產黨教育、「新社會」培養長大，尤其經受過文化大革命「洗禮』，腦子裡只有大陸那一套的人；一個雖然年紀未到不惑之年，因「家庭成分不佳」已經飽受風霜雪雨的人來說，實在是太奇妙了！我思維為之一震，我真的有點不敢相信，我居然有幸最終和馬上就要踏進那一直充滿神祕感的「資本主義社會」了！

帶著忐忑而好奇的心情，我進入了英界，使我愕然的是，我感到一種不同的氛圍，一種安詳的感覺。周圍的裝修布置，人員的衣著、他們站立的姿勢、神態，一舉一動都散發出迥然相異的氣質。

大哥走不同通道很快就離開了，我是首次入境，問詢需時較長。估計對新來的入境者他們要立新檔案，要瞭解一些基本情況吧，例如我的姓氏也要改成粵語發音的英文，「林」變成「Lam」。不過似乎一切順利，很快放行了。

走出香港邊檢樓，心情感到明顯的舒暢。看見大哥在不遠處等著，旁邊有位穿黑背心抱著交叉手的男士。我走到他們跟前，見他們頭頂上面掛個以前從未見過的英文招牌，上有英文字「Restaurant」，一下忘記他的意思，高中大學學的英文幾乎忘光了，想了好一陣才記起是「餐廳」的意思。這使我設身處地感到自己已進入了一個完全不同文化的地方。

「佢就系我細佬！剛剛從東北過來嘅。」大哥向那位先生介紹我。

「點啊？啯邊系咪好凍咖？」那位男士饒有興趣地問我。

「系啊！」我回答。

「你系啯倒咁耐，點解廣東話仲講得咁好嘅？」

「嗨……從細講到大咖嘛，點會唔記得嘅嗟！」

「咁過邊食乜嘢咖？你食唔食得慣咖？」

……

我覺得這位男士對我充滿好奇，我也根據他的好奇，回答了他許多問題。十多分鐘的攀談，使我覺察出香港的廣東話與現在廣州的有點不同，起碼沒那麼「硬」。另外，香港人原來對大陸很多情況不瞭解，非常陌生也很有興趣。

後來班車到了，我對他說「再見」，他卻跟我說「拜拜……」第一次聽「拜拜」感到好新鮮，這算是我第一次與香港人隨意閒談、接觸。

第一次看見和坐上香港綠色的火車，沒大陸的高大，木座位，只是車內很乾淨。坐下後大哥跟我說：剛才對你問長問短的那位先生，是入境處的小頭目。大哥怕我過境會遇到什麼問題，特別找到他。其實原來並不認識，是大哥主動與他搭訕，介紹自己是瑪麗醫院醫生，來接一個多年不見，生活在東北，遭遇坎坷的弟弟，希望他關照一下。這位男士看我大哥一表人才、英俊瀟儍、又是瑪麗醫院醫生「大家都係打皇家工、同一個事頭婆嘅」（瑪麗醫院是政府醫院，入境處更是政府機構）。加上大哥對我的介紹，他好奇心起，也想看看我這位仁兄有什麼異樣吧！大哥說應該他是幫了一下，因為新來報到的一般沒我出得這麼快。

遇見這位香港入境處工作的男士對我的特別好奇，也使我這個對歷史較有興趣的人想到，香港大陸只隔一條不寬的深圳河，可兩地普通百姓相互之間已經很不瞭解，猶如相隔千里的國度！

想當年英國割去香港，原居民多為客家人，後來大量進入的也是珠三角廣府人、潮州人，雙方居民有親戚關係的甚多。割讓香港條約規定廣東人有權自由進出香港，直至五〇年代初，只要你會說廣東話，英方員警就允許入境。即使後來有不少因經濟、法律或政治原因到港生活的大陸其他省份人士，如前清傾覆時就有大量遺老薗集香港。但香港與大陸尤其廣東的人口結構很相近，很自然地交往很多、互相也很瞭解。

上世紀國共內戰末期，中共為加速打倒國民黨，對大量避戰於香港的「民主人士、文化工作者和社會賢達」做了許多複雜細緻的宣傳爭取工作，促使他們站到了中共一邊，孤立了國民黨，加速了中共政權的成立。如五〇年代初的李濟深、何香凝、郭沫若、矛盾、張瀾、許德珩……等等不勝枚舉的大陸政壇名人，有數百人之多都從香港北上支持參與了新國家。這是大陸黨派利用香港特別的政治地位，而作有利於自己鬥爭的突出例子。總之那時大陸、香港各界包括普通百姓不但相互瞭解，也是有密切交往的。

只是在國民黨丟失大陸敗走臺灣後，香港與大陸交往，尤其牽涉平民百姓的交往，逐漸受到限制而越來越少，造成兩邊人民互相極不瞭解、陌生甚至偏見。那位香港政府雇員對我如此感興趣的現象，反映當時這種真實情況的存在。

……

機車轟隆轟隆地向前奔馳，我專心致志地凝視著窗外，細心觀察不時出現的各樣景物、樓房，明顯的特點是整潔，許多樓房很高，大陸很少有如此高的建築物，更沒有如此整潔。這裡山上的一草一木感覺上都比大陸的要綠，要有生氣，要乾淨！我想同樣的太陽為什麼會曬出如此不同的結果！這或許都是幾十年看慣大陸殘舊景色的原因吧！機車快到香港中文大學附近時，窗外出現平靜寬闊、銀光閃爍的海灣。大哥指著外面的海對我說：真正的「愚公移山」是在香港。由於香港彈丸之地，嚴重缺乏土地，香港學習荷蘭的填海技術，已經在不少適宜填海造地的海邊造出了數千公頃的土地，大大增加了香港的土地。

大哥不時給我介紹香港發達的社會，繁榮的商業，面向世界的製造業。香港人的巨大拼搏進取精神所取得的成就，使她與臺灣等被譽為亞洲「四小龍」之一。香港是世界航運中心，擁有世界船王；啟德機場是世界級大空港，幾分鐘就要處理一架飛機的升降；建造業長期蓬勃不衰，金融股票證券市場極為發達，「銀行多過米鋪」，香港製造的貨品行銷美歐日臺。香港嚇人的人均收入使百萬富翁不計其數，香港私人擁有汽車、遊艇平均數位列世界前茅，香港那些富人、地產大亨、銀行家、船王驚人的財富使世界先進地區都為之咂舌……。香港彈丸之地在經濟上取得的成就，使香港在政治上擁有顯赫於世界的地位，令全世界刮目相看，這是不能不令人佩服的。

大哥說你等會進入市中心尤其中環、尖東、灣仔、銅鑼灣就可以看到那高聳入雲的「石屎森林」，看到在它下面匆匆穿行的人群，你將通過連通港島與九龍的巨大工程——先進的海底隧道。你以後可以遊覽港島太平山的「佬襯停」，行走圍繞太平山的步行道，俯覽九龍、香港的壯觀全景。晚上更能欣賞到世界少有、燈光燦爛美不勝收的維多利亞海港那震撼心坎的夜色……。

大哥詳盡而令人驚訝的描述一一進佔我的腦殼，以前根本不可能想像到的情況一波一波地衝擊著我的思維。對於一個從小生活在封閉環境、眼界一直被限於狹小世界，生活從來力求勤儉節約，來前只兌換了二十元港幣的人。突然發現原來自己將身處這樣一個先進富裕到難以想像的世界，這個世界是聽說過，知道他的先進富裕，但怎麼也沒有想像到如此情況，對我心靈的衝擊和震撼可想而知！還使我顧慮自己是否有能力縮小與這個先進社會的差距，成為它的一員呢？

我傻乎乎的聽著想著，我知道自己會比頭次進入「大觀園」的劉姥姥更目瞪口呆，懵然失措。我感到當日「批準的喜悅」只是一剎那的過眼雲煙。如果我生活在這新的地方，將面臨巨大的適應過程，奮鬥將是無可避免的、艱苦曲折的。但我記起我跟廣州家人說過：「只要我能留下，我一定能活好。因為別的我不知道，但有一點我是可以保證的，那就是「不怕苦、一定能刻苦！這是毫無疑問的！」我想大陸放你出來，畢竟是給你一條生路，你怎麼走就由你自己決定了，你選擇退卻是你缺乏奮鬥的勇氣！而香港是個在寬鬆法律範疇內允許個人奮鬥的自由世界，有著「廣闊的天地」。以自己的年齡和知識我就不信我會全輸！就是全輸，因為你本來就是「無產階級」，「〇＝〇」也沒有什麼吃虧的！同時我打定主意，決心要儘量依靠自己，不麻煩家人，家人對自己的幫助已經夠大，哥嫂也很辛苦，供兩個孩子唸書，也正在自我艱苦奮鬥中啊！

再說假如畏難，那退到哪裡去？世界上究竟什麼好？哪裡好？我想起毛主席講過的：「有比較才有鑒別」！也記得赫魯曉夫恥笑的「大鍋清水湯的共產主義」！從大哥「活潑生動的階級教育」中，上述這個問題的答案，不是清清楚楚了嗎？物質繁榮的社會必是人類追求的地方，沒有個人刻苦奮鬥，也得不到豐富的物質。自己已到一個可能實現目的的地方，雖然自己現在只是個窮光蛋，太太還在北方，前路肯定會崎嶇。但躍躍欲試、刻苦奮鬥的決心，就很可能會實現立足於這個夢寐以求社會的理想！我知道，這種想法拿到我剛離開的、當時已開始改革開放的大陸，依然會被看成反動！但現在我已來到另一個村，就要唱另一隻歌了！這種觀點即使如今的「強國人」也已經領會得透透的了。

……

在紅磡下了車，大哥與我坐了的士，過了當時感到很雄偉的海底隧道，來到中環碼頭後面的康樂大夏，在大夏底層有個頗具規模的酒樓。那裡大嫂與幾個親戚一起在等待我與哥哥的到來。大家見了我都表示祝賀，由於我穿了大哥帶上深圳的衣服，又一口標準的廣東話，他們都說：「你都唔似啱啱（剛剛）從大陸來嘅嚁！」

我環顧一下飲茶周圍的環境，嘩！香港的茶樓，皇帝用的桌子、凳子，食具。服務員穿著「演出水準」的各式服裝，笑容可掬的招呼客人。香噴噴、熱騰騰、新鮮製作、外觀精美、花樣繁多的各式美點琳琅滿目。絕非北方高粱米粥，窩窩頭鹹菜疙瘩的早飯可比啊！

座中有位劉先生是我校友，來港多年，他以過來人的口吻對我說：「香港地人人都想當「老細」，但唔系個個都可以做到嘅，香港地唔系滿地黃金任你執！不過只要肯做，食得苦總可以搵返兩餐嘅……。」其實那時什麼叫「老細」我都還不懂，更沒有當「老細」的宏偉設想。我後來會意他作為校友，是善意提醒我。不過從批准到進入香港，直到在此飲茶，我已經清楚地明白：要立足這種世界就要刻苦。我也初步暗下決心，既然現在我被放生了，我一定要努力刻苦，一定要「搵到兩餐」。何況與那些從北方來，又非老廣，即使從珠三角農村，或循非法途徑進入，可能文化程度還較低的新移民，我覺得自己比起他們，條件還略勝一籌吧，我應該有足夠信心！

（二）〈立足〉

……

大約不到三個月我獲准居留香港，……獲得居留權以後，我更隨之積極尋找工作。我決心很大，通過報紙的廣告，我找到寫字樓在中環的一間賣「水喉鐵」的貿易公司的職位。這公司代理日本一個著名品牌的鍍鋅管子管件，主要搞批發，營銷對像是建築公司、五金商店等。老闆是上海人，總經理是福建人。因為我是搞化工的，對管子管件很熟悉，所以推銷這一產品的技術知識沒問題，我又年輕「走得」，到公司面見時，他們與我一談馬上答應錄用我，並讓我馬上上班，工資是一千八，哥嫂知道後也很高興。第一個月我特別賣命，給他們推銷了幾萬港幣的貨品，可發工資的時候老闆只給了一千三。我把情況跟大嫂說，大嫂說：「系咁嘅啦！你有無同人地訂合同嗟？」可那時的我怎知「訂合同」這種事呢？

這對我觸動很大，因為我知道：有錢人不說宴席，即一頓晚飯、進一次夜總會的花銷都不止這個數目，使我想到「剝削」這個詞，使我想到打工絕對不是長久之計，工字不出頭，更使我產生迫切而強烈的改變慾，我記起毛主席說過：「窮則思變，變則通」的教導，我更暗下決心，一定要出去一搏！還是初到港時那種「搏贏了最好，輸了不也是〇＝〇嗎？」的思想，因為當時我是個如假包換的「無產階級」啊！

可改變現狀也不是馬上可以實現的事啊！於是眼前之計，我決意怠工，不屑打這份工，不再出去給他兜售，遲到早退。老闆見我如此，想跟我談談，可老闆沒想到：這個初來報到的大陸仔居然不理他，一副強硬態度，連會計陳小姐都為我捏把汗！其實我是有意讓老闆抄我，因為聽人家告訴，老闆提出抄，可以走前多領一個月的人工，那時一千三對我來說是何其重要啊！果然不出所料，當月快領人工之前，老闆叫總經理通知我上他辦公室談話，我估計就是讓我走，所以就去了，而且不卑不亢。老闆見了我倒很客氣，他說：「我知道你不是『池中之物』（後來總經理說老闆的確不是罵你，是說你有自己的前途！），根據公司情況，你上完這個月班，公司就不再請你了，請你這個月到出納領兩個月人工，過幾天你就可以不上班了」，「希望今後保持聯繫，如有什麼生意，我們還可以合作的」。其實那時我怎會知道以後會有什麼「生意」呢！只是一副不忿之心罷了，不過後來我還真的去過幾次，只是沒有做成什麼生意，因為老闆給的價格實在太高。不過我感到，老闆基本還是「識做」的上海人！

其實在與老闆鬥法之時，我早就一方面緊鑼密鼓尋找其他工作，一方面苦思今後奮鬥的方向。那時香港正借大陸開放之機，全城興起「CHINA TRADE」，我覺得自己在這方面也許會有一定條件，心想總不會比做原子彈難吧！不過馬上進入做「生意」還遠沒條件，因為一沒資本，二沒關係，三沒什麼貴人提攜，對商業文書工作都還一無所知，雖然我堅信這些通過學習不會有什麼問題。還有按港府規定新移民要在香港待夠一年才能回大陸，一年內連大陸都還不能回去，也就用不上在大陸的有利條件。而且初來咋到首先要應付的是眼前生活費用，再說當你第一次返回大陸時，按那時的情況，從香港回來的再窮也得為內地親友買點禮物。所以對我來說唯一辦法就是繼續找工、打工，只是希望「騎牛搵馬」找分人工更好的工作。

不久經朋友介紹，我在葵芳一家上海飯館找第二份工，是做跑堂。人工比賣管子管件高，有免費兩頓飯。上班前我琢磨，雖然沒做過這種工作，但這工作肯定簡單。無論如何可以熬過這一年，積攢一點買禮物回廣州的錢。

第一天上班，領班就是我朋友的朋友勝哥，他是臺山人，他根據介紹我去的朋友所說，以為我是「企堂熟手」，放手讓我自己幹。他指示我開台準備，擦抹清潔醬油、辣椒、鹽糖瓶子。並交代客來了就寫單，端菜端飯收拾臺面。搞完清潔我看了一下菜單，意思熟悉一下，我以為寫這些菜名沒什麼狗屁難的！

中午一點前後，「Lunch Time」到了，附近藍領擁來吃飯，整個飯店驟然忙碌起來，我寫了第一張單從小視窗遞進了廚房，沒五分鐘廚房領班那矮小乾瘦的「老嘢」隔窗對我大叫：「喂！寫乜懶啊你！丟哪媽！你識唔識咖！」

領班勝哥急忙過來把單一看，然後用眼斜了我一下，顯然壓住聲音對我說：「丟！你都未做過嘅！」

「哎……你唔使寫啦，做其他嘢啦！」緊張的中午飯市過後，約兩點多鐘人慢慢少了，最後沒客了。勝哥把我叫到一邊，打開菜單對我說：「你寫比廚房嘅單，系有行話嘅！咁樣佢地睇得簡單明瞭，先可以快嘅嗎！唔系中午咁多人，佢地的飯菜點上得咁快呢……」「啦，比如『叉燒』嘅『叉』你就寫個『X』；飯你就寫個『反』就得嘅啦……」勝哥很耐心地把一些需要特殊寫法的字告訴我，嚴肅而認真，毫無責備或小看人的意思。雖然當時不能全記下來，也慢慢開始可以懂得應付。勝哥四、五十歲，個子不高，從他面部略帶凝重的神態和不多的皺紋，可以看出他的樸實、善良以及曾經的勞累和滄桑。我估計在他背後肯定也存藏許多自己的故事。最後他告訴我，他大陸的太太是個教師。噢……，這使我感到他看出我是個奮鬥中的知識分子，也理解了他為什麼不介意我曾經騙他，並依然體諒我。後來我在香港「腳跟立穩」後，曾試圖找他，但是已經無從尋覓了。至今我還記得這位憨厚的勝哥，懷念他，感謝他。

在飯店做時間長，雖是跑堂也很累，晚上回去很快即躺下休息。常會牽掛到遠方的妻子及幼女，因為那時她已生了一個女兒，那時大陸上的親友，對香港努力奮鬥的具體情況一般不很瞭解，而由大陸到了香港的人多數既不會告知實況，也不會在香港隨便願意服輸，放棄奮鬥。但畢竟一切都在不可預知的掙紮中，雖然充滿期望和信心，心中總也不時會感到莫名的「蒼涼」。那時連電視也買不起，所以通過小卡式收音機去聽深富情感、曲調哀婉、歌詞「鬼馬」的歌，最能貼合當時的心情，打動自己心坎。也是唯一的享受，心中的最愛。無疑字字充滿感情的鄧麗君國語歌、淋漓盡致、生動描繪打工仔情懷的許冠傑粵語歌，這些就成了晚上消愁解悶，保持「革命樂觀主義」精神的必聽珍品。

極為幸運的是，哥嫂在居住問題上對我的幫助，是對我當年仍處困難的立足時期，最關鍵而珍貴的幫助和支持。眾所周知香港的居住問題是最頭疼的，自己又一直認為男人大丈夫，無論再苦再累也要自立。所以在哥嫂家裡大概當了「廳長」兩個多月，我就要求大嫂讓我住在她診所裡的一間小儲物室，哥嫂同意我的要求，於是我就搬了進去。居住一段時間以後，大嫂更在附近自己添置了診所，於是就把這間原租的診所轉租給我。她不是做二房東，而是她作為醫生出面繼續續約，業主信任她，容易續約，租金也會好點。實際上二房東由我來做，我把房子間隔起來，自己佔一小間，其他分租給別人，一來解決了自己的居住問題，分租出去多出來的一點租金，還可以補貼水電費。這樣的狀況持續了三年多，就在這關鍵的三年多時間裡，使我可以通過各種搏殺，掙到了四十多萬。

這四十多萬是通過轉賣電子零件掙來的。那時中資駐外採購單位人員一般不自己出外找貨，尤其國內科研單位源源需要一些零散特殊的集成塊（ＩＣ），批給的外匯也不多，基本依靠我們這些小公司代勞。一張單幾千甚至萬把美金，對我們來說最合適，有時一張單可以掙到幾千甚至萬把港幣。主要能找到與中資認識的朋友，介紹之下就能拿到這種單，每個星期都有，積攢不到一年就得到四十多萬盈利。

有了這四十多萬，我就在港島堅尼地城花二十四萬買了一個四百多平方英尺的單元，幸運地在住房問題上「上了車」。如果我在那三年多脆弱的起步階段，沒有哥嫂在住房上的寶貴支持，就絕不會有以後的發展趨向，而且很可能會狼狽得很。哥嫂在居住問題上對我的幫助，以至惠及我建立其他基礎的這個恩典，任何時候我與我名下的家人都不會也不能忘記！這個我是極為清醒的。

其實在一年過後，我能返回內地時開始，我已同時密切注視可能向商業發展的機會。首先我想起在東北時季工太太告知的，她在港的四妹，我們稱之為「四姨」。由於頭一年精力基本放在熟悉和適應環境，以及積攢回鄉探親費之上。又不知這位四姨操何職業，因此沒去找她。後來季工太太很熱情來信又提及，我就去灣仔找到這位四姨，四姨看我大陸高等學歷，廣東人語言沒問題，學過英語，靠字典能看懂英文檔，作為北京來的四姨就雇用了我。四姨對人真誠友善，對我也很信任。後來四姨公司來了一位先生，他給人的印象是：雖然剛從大陸到公司，但他似乎可以獨立於四姨。可能因為這位先生也認為我的條件在很多方面可以幫到他吧，他對我也很好，也希望我幫他。

重要的是，兩年多這段時期，我初步接觸了不少商業知識，也實際體驗了一些商業過程。雖然沒學過什麼商科，不是科班出身，但我感到我可以獨立應付商業上的問題。我更體會到最終需要獨立的重要性，「工人階級只有自己才能解放自己」啊！不能打工，可以合作，但合作自己要有一個法人地位，所以我下決心離開別人的公司。由於挺著去單幹的念頭過急，加上考慮有些事我在四姨與那位先生面前不易處理，就加速了自己外出冒險一試的急迫心情，辜負了四姨的信任，這也是奮鬥中留下的憾事啊。

出了四姨的公司，從此我悲壯但堅定地成為了香港街頭成千上萬，傻傻地妄圖實現自己夢想的「皮包公司」的一員。必須指出的是以「皮包公司」創業，不同以「走鬼檔」或開小店的創業，是在既沒經驗，沒資本、又沒關係情況下，一種「買空賣空」的，很可能是不靠譜的江湖冒險搏殺行為。必須絞盡腦汁尋找一切可能的機會，苦苦鑽營每一項得來的「盤口」，成功的幾率極低，九〇%都失敗！故此個中過程的艱辛就不言而喻了。

那時註冊一家無限公司政府收費一七五港元，所以這類公司也叫一七五公司。畢竟自己不是太過誇張的一類人，尤其不是雄才大略、信心爆棚的人，更不是敢以此去做不誠實事情的人，充其量的「偉大抱負」只是出於能「發達」到可以自立養家。所以我註冊的公司，名稱定得很一般，不敢讓人感到似乎很大，很強。名片上面的電話、地址是借用朋友公司提供的。名片上印的職務不是什麼「董事長」「總裁」之類，只用「常務董事」。有一個皮包，裡面除了關鍵的文件，還有一套小巧玲瓏的文具、印鑒等。別小看這種「皮包公司」，麻雀雖小五臟俱全，事實上不少人用心良苦地運用這種小公司，最後成功實現了目標。

由於把生意可能發展的焦點放在了與香港比鄰的深圳，所以來回港深就是經常的事，常常早上一早起來，拎起小箱就走，在士多店拿一包維他奶，一件「丹麥條」，邊行邊吃。從深圳回來就在站臺買一個雞肶，一包菊花茶，狼吞虎嚥祭祀肚子，使心中稍感定神！一本五年有效的回鄉證，半年就用光，經常一天來回兩次，曾經試過三次。最煩心的是等過關驗證，因為剛開放，兩邊驗證的人手都不夠。有時排隊過關，一排就幾個小時，四、五個小時是經常的事，總之有時比坐飛機到北京的時間還多。如是者奮戰幾年！

幸運的是終於與深圳科委一家公司拉上了關係。該公司法人是中國著名革命家葉挺的第四子葉華明先生，老總鄒先生是剛從北方回調的南方人，我是通過他弟弟認識鄒先生的。

那時深圳發展剛剛起步，甚至深南路還正在鋪築。作為深圳市科技領導部門，他們正需要引進很多深圳工業發展所需的世界先進的工業項目，而我本來也是搞工業出身，他們很多事情委託我無論從技術知識，從進出深港的方便都比較合適，因此我們就建立了良好的合作關係。可以建立這種良好關係，還有一個「無巧不成書」的原因。話還得從後來葉華明先生撰寫的《先科的故事》一書中來尋找（詳見《先科的故事》第一頁開始）答案。

大概情況是：在中國改革開放初期的一九八〇年，航太工業部副部長宋健與荷蘭頓特大學協議，可派訪問學者到該校做研究，葉華明被選中，並於同年八月到了荷蘭頓特大學。葉華明先生自小喜好音樂，在一九八一年六月他逛百貨公司時，無意中發現唱片部擺放著一些亮晶晶的圓碟，初以為是裝飾品，一問之下知道這是飛利浦公司新發明的「雷射唱片」。葉先生知道，以往的唱片是通過金屬的針尖，行走於片子上記錄聲音的紋路，而發出聲音。到他那時代，雖然已發展成以磁帶記錄和播放聲音。但從未聽說過利用「鐳射」傳遞聲音！經詢問，原來是飛利浦研究出，以鐳射發生器打出一束細小的鐳射，精準地射向片子中記錄了聲音的紋路，而反射的雷射光束則被接收器接收，轉化成聲音播出，這顯然精密多了。葉華明試聽了一個碟子，覺得音質的確「洪亮、清晰、毫無雜音」，絕非原來老式技術可比，於是他被這一神奇新產品深深震驚。正好那年八月下旬，飛利浦總公司有一個開放日，葉華明先生更乘車到飛利浦總公司所在的埃因霍溫，在總部展廳找到雷射唱片展示大廳。他以極大的興致連續看了三遍雷射唱片生產過程的錄像！從此這個本來研究衛星遙控的學者，在他的腦海中深深地打下了雷射唱片（即現在的ＣＤ）的生產過程，他夢寐著有一天把這技術引進中國。

再根據葉華明先生的回憶（《先科的故事》第七頁），葉先生從荷蘭回國後，一九八三年底，他成功從北京航太工業部調到深圳市科委當領導，八四年五月深圳先科公司成立。八四年六月在一次研究公司工作的會議上，鄒總經理談到他曾接待過一位香港朋友林慧曾，林先生介紹到菲律普公司生產的鐳射視盤產品。這樣馬上勾起了葉華明腦海中，關於他在荷蘭看到鐳射唱盤及其生產過程錄像的事。於是葉華明先生立即讓鄒總聯繫我，「找林慧曾先生到深圳來見面。」、「八四年六月底，林慧曾如約來深圳和我們見面了。」

至此由於我技術上的基礎知識以及旅行證件的方便，為深圳先科公司聯繫引進雷射唱片生產線就成了那段時期我的主要工作。導致我與先科公司領導及深圳市政府秘書長一同前去了一趟荷蘭，簽下了一個引進大單。以此為契機，由我公司代為進口了有關產品，還為先科聯繫了其他幾個引進項目。這些過程讓我獲得了一定利潤，也正是依靠這些利潤奠定了本文題目所說的，我的「立足」

香港的比較穩固的經濟基礎。

香港的「鐳射」即大陸的「激光」，我也是在香港報攤買的一本介紹音像新產品的雜誌上，發現這種嶄新的鐳射傳遞音像訊息的新技術。後因贈給鄒總閱讀，想不到由於鄒總在其公司的工作會議上的介紹，機玄巧合地與葉華明先生多年的願望碰個正著，引至這樣的良效。既促使葉先生加快實現他的願望，也無意中幫我在人生中獲得了一次難得的脫貧機會。真是要多謝上天的「造物主」啊！

葉華明先生，還有鄒總是這段時期幫我實現脫貧的關鍵人物、我應稱他們為我的恩公！須知生意實為利益的博弈，尤其改革之初，規矩凌亂經常發生矛盾爭執，搞得悲劇收場。我在其他交往中不可避免地發生過這類事情，唯獨與葉華明先生的合作從未出現問題。因為心胸廣闊、正派的葉華明先生在與我合作的過程中，堅守合約，以誠相待，使我的付出有應得的合理回報，他是我一生中難得的「貴人」！葉華明先生對其他外商也一樣，因此外商對他口碑都很好。他對員工也一樣，先科公司（ＳＡＳＴ）下屬幾十個公司，他的光盤工廠鄧小平也參觀過，他從未「抄」過旗下公司任何一位員工。

我們合作結束後，我也一直與葉華明先生保持間斷來往。二〇一五年六月，葉華明先生已經八二歲，他雙腿已不能行走，我在深圳一個環境優美的老幹休養所探望了他。他和他的夫人李淑卿都很興奮，葉先生自己開動著電動輪椅，特別到休養所門前接我。老朋友見面分外高興，我們共同度過了一個難忘的下午，愉快地回憶往事，晚上就在療養院共進晚餐。分別的時候他老人家依依不捨，一直送我上的士，此情此景，當時我是強忍了淚水。可想不到就在二〇一五年年底他突然離世，噩耗傳來唏噓之餘，悲疼不已。聽我小舅說在給葉華明先生的悼詞中，還著重提到我上面所說的故事。作為曾得益於他的我，最後因遠隔萬裡而不能送他最後一程，實是遺憾！

介紹完了〈放生〉與〈立足〉兩篇文章，再說說落腳紐西蘭的情況。

在香港奮鬥的十多年，那時中國內地改革開放程度還遠沒達到現在的水準。兩個制度生活實踐的結論，當時的基本思想是：「做中國人離中國越遠越好」！於是帶著妻子以及兩個孩子移民到了紐西蘭。

紐西蘭是個自然環境甚佳、地大人少屬英聯邦制度的國家。在紐西蘭生活一段時間後，孩子畢業出來工作了，我更有了一些時間試著寫寫過去潛藏內心的經歷和觀點，並試著投到報章雜誌。當時紐西蘭某華文報紙老總文揚先生對我的文章甚有興趣，於是我的文章開始發佈在紐西蘭的華人社會，然後在澳洲、美國、歐洲、香港的報章雜誌都有登載。當時在美國以及世界都有點名氣的《多維》網，《多維》香港雜誌，它的老闆也注意到我文章表達的許多觀點，並發表過我不少有關的文章。老闆於是同意給我集中出版幾年來所寫的一些文章。這就是我的二十六萬多字的《重歸中華》出爐的原因。該書與二〇一〇年參加臺北每年一度的國際書展，在香港書店發行均受好評。

到目前為止已出兩本書，撰寫的各種文章約百萬字，隨時可以再出新作品。從此我這個原來的「寫作白癡」慢慢地與文壇扯上了一點關係。多次參加起源於臺灣的《世界華文作家協會》大會；而大陸內地主持更龐大的《世界華文文學大會》，從一開始我就得到邀請參加。擔任「紐西蘭華文作家協會」理事，副會長。在退出「搵食」江湖之後，叫做有了一點新的心理寄託，沉浸在以「督」電腦表達「客觀、公正」的自以為是的生活中。

總之，對於苦短的人生，我覺得上天已經十分眷顧了。

上：八七年協助葉華明主任從新加波引進LCD生產線簽約時留影（後排中間是筆者；葉華明《先科的故事》一八一頁）。

中：為寫《還是重歸中華》遊歷俄國哈巴羅夫斯克（在黑龍江、烏蘇裡江交界原中國伯力，照片對面就是中俄爭持多年的「黑瞎子島」）。

下：二〇一六年參加北京《世界華文文學大會》攝於釣魚臺十九號樓會場。

参

追蹤遠祖

十九　漫說黃帝到東石

（一）前言

中華民族是世界上重視族譜、民間撰編族譜歷史悠久的一個民族。正如《廣東平遠柴林濟南堂林氏族譜》指出「思源溯流，慎終追遠，尋根問祖，正本清源，是我中華民族，也是我林氏宗族的優良高尚品德和傳統美德。」

追尋祖先的足跡，瞭解我們的出處，是許多人都感興趣的事。如有本姓族譜，大多數情況下，我們就可以追蹤個人的來源及輩分。我一直有這樣的濃厚興趣，只是所處時代曾經根本沒有這個條件，有條件了又一直沒有下決心抽出時間去探索一下，現在終於試著做一做。

《漫說黃帝到東石》這個題目有點炫，黃帝當然不可能到我出生的平遠東石，文章只是探索黃帝他老人家的後裔如何一代一代終於來到了東石，也就是林氏東石開基祖彥英公以前繁衍的過程，以及到東石後如何繁衍至奏臚公這一支脈的過程。同時以這一發展路線為主軸，粗略瞭解一下，那些最後到了東石或沒有直接到東石的林姓先賢的部分重要或傑出歷史事跡。從而瞭解先人奮鬥歷程的艱苦曲折，以此激勵我們後輩繼續奮鬥。

然而通過族譜瞭解自己的「來源及輩分」，實際做起來也很不容易。尤其對林氏這一較古老的姓氏，就像一棵主幹巨大、枝葉繁茂的大樹，主幹分出眾多枝幹，支幹又分出無數小枝，要尋找詳細來源或出處就非常複雜、沉長而煩悶。而族譜又不可能百分百準確，而且族譜出處不少，講法常有不同，究竟第幾代、發源的準確地方……等等，以為可以做到精準有據，實際是不可能的。尤其從周朝後期、春秋戰國至晉朝林祿入閩這一段中的許多時段，難以找到直接明晰的東石林氏繁衍路線。當然事涉幾千年，這種困難也可以理解。所以對自己先輩的追蹤做到一個粗略的輪廓應已不錯。尤其作為純粹業餘人士，差錯紕漏在所難免，希望有識人士批評指正。

（二）林姓的產生

把話扯遠一點，林姓族群的出現，當然首先要有人類的出現。

一般認為：在地球形成後逐漸產生水，在一定條件下水出現蛋白質，簡單的蛋白變成複雜的蛋白，逐漸發展出生命。生命不斷發展，由初級動物發展為高級脊椎動物，脊椎動物慢慢上了岸，出現兩棲動物。冷血爬行動物又發展出溫血的哺乳類，出現了靈長目。靈長目的猿類從樹上下來，逐漸直立行走，學會熟吃、取火、使用工具，從而促進了腦袋發展，形成能勞動、有思維有智慧的人類。

為了在艱困的自然環境下生存，人類聚族而居，形成部落及部落群，在生產力的提高下，人類社會不斷增大規模、變得複雜。在這樣的社會裡已蘊含各個姓氏的先祖，其中就有我們林姓先祖吧！

現在把扯得太遠的話扯回來，今天的林姓的產生，根據夏商周斷代工程權威的研究結果，應該是公元前一〇四五（或六）年的事。商朝最後一個帝皇商紂王的統治窮奢極侈暴淚無道，紂王叔叔比干與紂王伯父箕子還有紂王同父異母大哥微子啟都極為反對紂王的施政，都曾對之加以諫阻。

紂王這人也非等閒之輩，他有倒拽九牛、徒手搏擊猛獸之力，並且「智足以拒諫，言足以飾非」（《史記・殷本紀》言）。所以紂王拒不聽諫，並殘酷無情對待伯父箕子、叔叔比干以及堂兄微子，迫得箕子裝瘋、微子棄官躲藏。

惟有王叔比干毫不畏縮，他說：「人主有過失而不直言極諫，聽之任之，非忠臣之所為。懼死而緘口不言，不能說他有勇氣。有過則諫，不從則死，這才是忠臣應有的態度。」比干於是一連三天進宮力陳紂王弊端，力勸紂王改邪歸正應該以仁政治理國家的道理。紂王被氣得暴跳如雷，對比干咆哮道：「朕已下令，有妄議朝政者死，你依仗著什麼，竟敢如此大膽，一連三天在此聒噪，難道你不怕死嗎？」比干正氣凜然回答：「君無道是臣之恥，見君無道而不諫是臣不仁，怕死不言是臣不忠，使君改惡從善是臣子忠義之舉，直諫被戮是臣為國盡節，我的舉動俱含大義，死有何懼！」紂王遏住怒火，陰陽怪氣地說：「朕聽說聖人之心有七竅，你既以聖人自居，就讓朕看看你的心有幾個竅！」於是命武士將比干剖心殺死。

比干被活活殺死後，他兩個腹中皆已有妊的妻子陳氏（因為是舜帝子孫媯滿後人，故也稱盥媯氏）、黃氏知紂王不會放過他們。陳氏星夜帶著四個使女匆忙逃走，躲於長山密林之中。黃氏不及逃走，被紂王捕獲剖腹取胎而亡。陳氏不久在密林中誕下一子，官兵發現時，陳氏急中生智說孩子是山林子弟姓林而躲過一劫，後來還給孩子起名「泉」。

不久周武王（姬昌）興兵伐紂，在河南牧野（今河南衛輝）決戰。因紂王無道，奴隸兵陣前倒戈，武王打敗了紂王，終結了殷商。

殷商覆滅後，武王厚葬紂王叔叔比干，尋找比干妻兒，比干遺妻知道後帶嫡子走出躲藏的長林。武王封陳氏為「英烈夫人」，賜她兒子姓「林」，賜名「堅」，於是林泉更名為林堅！比干之子成了林氏受姓開基第一人。

也有其他一些林姓出現的說法，如林姓出自姬姓等，是周平王姬宜臼的小兒子林開的後代，或出自魯國林放的後代。這種看法不為多數研究者接受，因為林堅早在他們之前出現。

三千多年的發展，有其他姓氏轉入林姓，入贅林姓。也有許多少數民族融入林姓，如北魏鮮卑丘林、蒙古林丹汗、滿族的布薩氏林佳氏、高山族、百越族、回族等都有採用林姓的。

另外比干是出自「子」姓，所以林姓是由「子」姓分衍出來。因此林姓有許多同宗姓氏如王、辜、柴、孔、宋、蕭……等等。當然也有不少林姓轉為他姓的，如李林、柴林、邢林、陸林……等等。

現在林姓已是擁有千萬人口，分布世界各地，居中國各姓氏排名第十六位的大姓。林姓絕大部分來源於商朝子姓，尊比干兒子林堅為得姓始祖，這點因有豐富可信的史料而得到絕大部分林姓人士及史學界認可。

同時比干的英勇壯舉是得到歷代君王認可、讚賞、褒獎的，除武王封墓，北魏孝文帝（其妻子姓林）為之建廟外，唐太宗下詔封謚，宋仁宗為《比干家譜》題詩，元仁宗為比干立碑塑像，明孝宗為比干廟重建，清高宗祭文題詩，清宣宗修復比干廟的正殿等等，比干成了歷代忠臣的代表，被譽為是「亙古忠臣」、「逆耳批鱗第一人」（以上內容參考《林氏史話》）。

筆者把比干這一歷史記載詳細引錄，無非是讓我們瞭解我們始祖除顯赫的出身，更具有何等高尚的品格！並不是所有姓氏祖先都能具有。而且，雖然在權威社會這種對上錯誤敢於直言批陳的行

一九四五年在平壤牡丹峰山腳所拍的箕子陵照片。

為已不太可能再有，然而我們不能否認這種品格社會太需要了。

比干那位長兄箕子也是值得一提的，箕子也同比干一樣反對紂王酷政，武王滅商後勸請箕子出來幫周治國，箕子不願，後得武王准許捧幾千人去了朝鮮。

據朝鮮歷史記載，高麗肅宗七年（一一〇二年）十月，高麗有朝臣向朝廷禮部奏曰：「我國教化禮儀，自箕子始，而不載祀典。乞求其墳塋，立祠以祭。」自此建立了箕子墓（衣冠塚）和箕子廟拜祭祖先箕子。箕子廟更在朝鮮許多地方都有，朝鮮半島歷代君主都對箕子陵進行定期祭祀，並進行過數次修繕。直至一九五九年金日成為揑造歷史，親自下令鏟平平壤郊區牡丹峰腳下箕子陵，故此陵現已蕩然無存。

箕子、比干加上他倆的大侄子微子啟，後來被孔子稱為「商末三仁」，都是堅持開明治國的商代歷史名人。因箕子是比干兄長，林氏受姓始祖林堅的伯父，敘說這段歷史這讓我們知道，千百年來朝鮮歷史與我們林姓竟有如此密切的關係，即與中華文化有如此密切血肉關係，這些都是有案可稽、無可辯駁的。

(三)林姓的先祖

也就是比干、林堅的祖先，林堅實乃殷商王朝最後一個君王紂王帝辛的堂弟。殷商的建立者為成湯（天乙），成湯打敗夏朝的傑而建立商，成湯到帝辛紂王經歷十七代、三十個王（因為中間有兄終弟及的）所以從成湯算起，林堅為十七代。而成湯先祖為契，契至成湯又十四代，契既沒有親自建立商朝，但被認為是商人的始祖，所以從商人始祖契到林堅就已經三十代了。

契的時代是部落社會，是大禹治水時代，契是很有才幹的部落首領，幫過大禹治水，得到舜帝賞識，曾被任命為司徒，等於現代的教育部長！

據《詩經》的《商頌・玄鳥》，中有：「天命玄鳥，降而生商」，所說就是黃帝的曾孫帝嚳有四個妻子，次妃簡狄在一次外出河邊洗浴中，見一個燕子在前方生下一卵，簡狄拾而吞之，不久更生下男孩——契（表示心意相合）。不要去追究是否會有如此玄妙的事，這只是反映古代時對生育神祕無知的一個故事。但不管契因何而生，但他是帝嚳的兒子，而帝嚳是現在公認為中華民族始祖黃帝的曾孫，那麼契就是黃帝的玄孫。

這樣我們據《史記・商本記》推一下：契之父為帝嚳、帝嚳之父為嬌極、嬌極之父為玄囂、玄囂就是黃帝的兒子，林堅又是契三十代，所以一推林堅就是黃帝的第三十四代孫子！所以林氏受姓人林堅不但是商朝皇族後裔，而且是黃帝後裔之一！是中華民族最正宗的主幹後裔！如果你是林姓人，那麼你也可以自豪地聲稱自己出自皇族，是黃帝後裔，是中華民族最正宗的主幹成員中的一員！

在《平遠濟南林氏族譜》精簡本第六頁「木本水源誌」一節有云：「根據舊譜記述：堅公係軒

轅黃帝第三十四世孫，與皇帝血脈一脈相承，林氏族人應是軒轅黃帝的後裔，過去林氏族譜追述林氏源流，開頭就說：『林氏出自軒轅黃帝，高辛氏之後』就是根據這些考證得來的結論。」

另方面也沒有必要把這看得有什麼了不起，因為很多姓氏的祖先都出自黃帝，或與皇族沾點邊，而皇族繁衍與其他什麼族裔繁衍一樣，絕大部分後代多屬庸碌無為，黎民百姓之一員。先祖的光芒並不等於現實我們的偉大，自己的成功最重要的還是要靠自己現實的努力！

(四) 關於「堂號」

在繼續圍繞「黃帝到東石」這一主軸，往下尋找林氏繁衍路線之前，先瞭解漢人各姓常有的所謂「堂號」的意思。

中華民族古代傳統，同姓族人出於親情、互助、生產、安全，往往聚族而居，小則兩代、三代同一居住，多則各代分支也集中居住。在這些集中居住的同一院落或圍屋之中，會有個共祭祖先、共商大事及宗族內外社交活動的廳堂。往往會為這個廳堂取個名字叫「堂號」，所以「堂號」本來就是這個廳堂的名字。

以後人口的增加必有人遷徙於外，有人建立自己新的大家庭。已經遷徙在外的族人再繁衍久遠之後，分支各散東西，居留地已遠離原「堂號」所在地點，但依然記得和沿用自己家族出自那個百年、千年前的「堂號」。其意義是說明自己這一姓氏家族遠祖的出處，家族的世系源流，分辨關係之親疏。所以現實的「堂號」就成為各姓氏家庭追源索流、歸宗認祖的「徽號」了。客家人同姓者一問堂號就知道是否出自同一祖先，同一地域，頗能產生親切感。

（五）林姓的「西河堂」和「濟南堂」

林姓基本有兩個「堂號」，即：「西河堂」和「濟南堂」。「西河堂」遠在「濟南堂」之前出現。

1.「西河堂」的由來。

「西河堂」在秦朝以前已出現，「西河堂」來源有如下兩個說法：

一、據《廣東平遠柴林濟南堂林氏族譜》介紹，「西河堂」出自戰國時代。林堅公第三十五世孫林皋是個傑出人物，他任趙國宰相，生有九子而且個個出色，號稱「九龍之父」，「十德之門」。因家門男丁多是家門強盛的關鍵！林皋家當然變得很強盛。趙王故而生妒而欲加害，林皋於是攜帶族人遷到榆林河（又名：清水河、古帝河）白雲山躲避。據說榆林河（或在黃河之西）即「西河」，從此奠定了林氏以「西河」為堂號的基礎。

二、更多史家認可「西河」來源是根據《史記孔子世家》所說：「其男子有死之志，其女子有保西河之志」中的「西河」。為何叫「西河」？究竟準確地方在哪裡？與黃河有何關係？眾說紛紜，筆者作為業餘人士在儘量細心閱讀資料後，偏向於相信下面四點，是對「西河」地方的粗略規範：

（一）與黃河及其支流有關，又與「西」有關，即指（黃）河的西邊或西邊的那條河。因為黃河及其支流是有變化的，所以要準確指出是今天的那條河就不容易了。

（二）這個地方是殷商故地，是周初林堅被封之地的周圍，也是微子啟、紂王之子武庚被封的地方，是林姓最早休生養息之地。

（三）此地也是武王死後，武王弟周公輔佐武王幼子成王時，紂王子武庚聚眾趁機造反之地。

（四）又是周公擊敗武庚後，周公把此地讓弟弟康叔管理，並成立衛國，所以又是春秋時衛國之地。

按照上述四個論點的規範，這樣此地即今天河南淩縣、滑縣一帶。

至於後來林堅被轉封博陵，是在今河北安平縣和蠡縣一帶，這個「蠡縣一帶」應該也是被認為處於「西河」範圍的，改變不了「西河」是林姓第一郡望（郡望不等於行政上的「郡」）的地位。

筆者比較認同《史記・孔子世家》關於「西河堂」來源的說法。因為堅公開基後，歷經東西周、春秋、戰國三個時代，八百餘年四十多代，林氏基本繁衍生息於這一廣大地域。以至為保衛此地「其男子有死之志，其女子有保西河之志」。林皋時處戰國，在林皋之前應已有人應用「西河堂」，只是林皋名聲大，所避居之地又有（在黃河西邊的）榆林河，尊奉他的人也多，他府上那塊「西河堂」的匾可能也會特別大而顯眼，所以以後變成「西河堂」似乎由他發明！這與「濟南堂」出自林尊是不同的。

2.「濟南堂」的出現

認為「西河堂」始於林皋避難遷徙的觀點又認為：林皋又是上承「西河堂」，下啟「濟南堂」開始轉折的一代。

為什麼這樣說？因為林皋孫子林微已進入秦朝，秦漢由於國家的統一，林氏發展更蓬勃，秦朝時林皋九門林的後人已有遷徙到齊郡的鄒縣（今山東鄒城市）。

西漢初年漢高祖時林皋之後比干四十二代的林摯是燕國相、封平棘侯，又是當地名門望族。西漢開國時由臨淄郡分出齊郡，西漢初山東經濟發展快，齊郡地盤再顯得過大，更把齊郡又分出「濟南郡」管轄今天濟南市、章丘、濟陽、鄒平等地，這樣鄒縣的林摯家族成了濟南郡人。林摯之後大約十代，漢宣帝時比干第五十一代林尊官至太子太傅。林尊被林氏尊為濟南望族的開基始祖（見《平遠濟南林氏族譜》精簡本第十四頁），譜云：「舊普公先世自秦末並居齊郡鄒縣，漢分鄒縣置濟南郡，故林氏之望以濟南乘者自尊公始」，成了林姓最繁盛、地位最高的其中一支。也即出現了「濟南堂」。

至今許多林姓宅門前會採用堂聯「濟美衣冠承聖哲，南疆開發湧群英」。

（六）「濟南堂」的發展及入閩第一人林祿

1. 短暫的「下邳林氏」

濟南林氏經過三、四百年發展，至比干七十一代，東漢經史博士林農，人口眾多，家族大盛，又出現為當政者所忌的情況。漢靈帝協同董卓打擊林農家族，殺林氏七百多人，林農與父隱居濟水之東。

東漢中期以後濟南林有人南遷，東漢末至三國，孫吳需流民屯田，大量林氏移徙江南。西晉末年因「八王之亂」、「五胡亂華」，大量北人南遷，個中林姓佔有重要部分。比干八十世林禮遷居徐州下邳，「下邳林氏」因此形成。但由於下邳千年來戰亂、災禍不斷，現在反而基本沒有林氏在那居住了。

2. 林祿入閩

到「下邳林」林禮的曾孫，比干八十三代孫林祿（西晉武帝司馬炎太康十年即公元二八九年生；東晉穆帝司馬聃永和十二年即公元三五六年歿），他是「濟南堂」有史可稽的林氏入閩定居中最顯赫的第一人。在《平遠濟南林氏族譜》（第十七頁）這樣介紹的：「祿公字世膺穎公次子，晉黃門侍郎，世居濟南遷下邳梓鄉。從元帝南渡，任安東琅琊王府參軍，除給事黃門侍郎，以討杜叟功遷昭遠將軍、散騎長侍，允合浦太守。（東晉）明帝（司馬昭）大寧三年（公元三二五年）詔歸朝，奉勅守晉安郡（今泉州）。因家焉壽六十有八，唐討漳南蠻叛，公顯靈助戰，殲梟渠魁，事聞追封晉安郡王。為入閩始祖，配夫人孔氏合葬九龍崗。子二：景、暹。」（括號及標點符號筆者所加）。

可見祿公的確是一位不愧於擔負林姓入閩歷史責任的了不起的人物。祿公後人也正是進入平遠東石耀米崗彥英公的直接先祖！

在晉安林、莆田林於福建等南方地區不斷發展的同時，北方的濟南林氏先後都有人南下，並產生許多大小不一的林姓興旺地方。但他們的支系與平遠林氏關係不大，所以就不追蹤這些支派。

林祿後人更遷徙到莆田、官侯、龍溪……等大量福建廣大地區。

林祿開啟的「晉安林」是比干後裔繼西河、濟南、下邳之後的第四個標誌性發源階段，今福州惠安有晉安郡王墓，更是海內外諸多林氏後裔參拜之聖地。晉安林氏發展出來的林姓，依然選用「西河堂」或「濟南堂」。

晉安林發展龐大，不但開發了東南沿海，而且使林氏擴散到臺灣及東南亞。其中遷徙到福建莆田北螺村的林茂（比干第九十二世孫）又開啟了繼西河、濟南、下邳、晉安之後第五個林氏發祥地——莆田林氏，後來著名的九牧林和闕下林都是莆田林的後裔。

（七）林祿後人發展到上杭的繁衍路線

掀開《平遠濟南林氏族譜》，更可尋找到祿公到「遷杭（福建上杭）第一人」萬一郎公的相傳路線。族譜清晰表明，這一過程經歷了整整二十八代！

從綠公到彥英公其承傳路線如下：

一、綠公（穎公次子，入閩始祖）
二、景公（綠公長子）
三、綏公（景公長子）
四、格公（綏公三子）
五、靖之公（格公五子）
六、遂之公（靖之公四子）
七、豚民公（遂之公八子）
八、玉珍公**（豚民公七子）
九、元次公（玉珍公三子）
十、茂公（元次公次子）

八b，玉象公**（豚民公六子）生三子
九b，廷堅公（玉象公長子）
十b，英公（字彥廷）

十一、孝寶公（茂公獨子）

十二、文濟公（孝寶公三子）

十三、國都公（文濟公四子）

十四、元泰公（國都公三子）

十五、萬寵公（元泰公長子）

十六、韜公（萬寵公長子）

十七、尊公（韜公獨子）

十八、樌公（尊公三子）（唐德宗李適貞元進士，西元七八五年，闕下林祖）

十九、延吉公（樌公次子）

二十、彝註公（延吉公獨子）

二十一、忠公（彝註公獨子）

二十二、信公（忠公獨子）

二十三、質公（信公獨子）

二十四、伸公（質公獨子）（有子四）

二十五、朝公（伸公長子）

十一b，禮公（字德在；生七子）

十二b，仁待公（字志浦；禮長子）

十二c，**士宏****（禮次子）隋末集兵於鄱陽康山僭稱楚帝，唐李欲滅，易林為柴，移竄武林（士基、士威、文慎也易姓）

十三b，大偡公（仁待公生）

十四b，元泰公（大偡公生；元泰生萬寵）

十五b，萬寵公（元泰生生）

十六b，披公（萬寵公次子「九牧」之父）

二十六、容公（朝公獨子）（有子六）

二十七、釗公（容公三子）（生於宋哲宗元祐元年）

二十八、萬一郎公（劍公長子，為上杭始祖）

上面所列繁衍系列中，為什麼搞出一個b行？又特別有注上（**號）的地方？因為在林姓歷史上曾出現過一位「僭稱」楚帝、鼎鼎大名的**林士宏**，我們是想弄清他與東石林姓先祖的關係。

我們注意到在所列b行是根據《平遠濟南林氏族譜》（第十九、二十頁）關於玉象公的情況（生子三，長子名廷堅）的一段附注：「按舊本有云：廷堅生英……，英生禮……。禮生七子……，長仁待……，次**士宏**，隋末集兵於鄱陽康山上，僭稱楚帝，唐李欲滅，始易林為柴，移竄武林。三士基……，四士威……，五文慎……，自**士宏**至文慎俱易姓柴。六世饒……回主祖莆田更郡西河以示與宏同姓不同宗……，七士融……攜家待罪帝知其無辜……復其原職。又云仁待生大偡……大偡生元泰，元泰生萬寵。據此萬寵公是玉象公之後。而前埠譜及宋桴公序俱云萬寵公是玉珍公之後，桴公去先世未遠，一脈淵源較為詳核，今諸刻皆遵之……。」

從這一附錄可見：

一、遜民公的第七子玉珍公傳至他的十三代是國都公，遜民公的第六子玉象公傳至他的十三代是大偡公，而國都和大偡的後代即十四代都是元泰公、十五代都是萬寵公，為什麼族譜出現這一情況？無非修族譜者本來得兩個說法而又無法斷定哪一說法是錯的，所以都列出來。

二、不過對我們來說從豚公之後，不管是玉象、玉珍那支最後都繁衍到元泰、萬寵。都到了上杭，繼之繁衍到平遠東石。不同的是：如走玉珍公一支（b順序），「僭稱」楚帝、傑出的**士宏**公與東石林姓先祖關係就疏遠一點，「改柴為林」及以後隨之發生的事都與東石林姓無關。

如經玉象公這支，**士宏**公與東石林姓關係就比較密切，但也並非東石直系。因依據此線，豚民公四代孫禮公的長子仁待成了東石林氏直接先祖。而**士宏**是禮公次子，也就是東石直接先祖仁待的二弟。士宏與東石林姓關係雖然密切一點，但是仁待並無參與「改柴為林」及以後隨之發生的事，是其二弟士宏與三、四、五弟弟們幹的！所以「改柴為林」及以後發生的事也與東石林姓先祖無關。據此，我們東石林姓族譜不應冠之以「柴林」。

（八）關於林士宏及其後人的一些歷史典故

1. 稱帝與「改林為柴」

林士宏雖然不是東石林姓直接先祖，但與東石林氏關係密切，而且他起義稱帝，「改林為柴」其後人又「改柴為林」這段歷史值得一書，故簡單介紹如下：

隋朝末年，林祿十二代孫、比干第九十四代孫林士宏，原居江西鄱陽（現波陽），他發動農民起義，據有九江到廣州遼闊地域，稱帝六年，國號楚，年號太平（資料來自辭海一九七九年版縮印本頁二〇一八）。

林士宏是有林氏以來第一個稱帝的，可惜最後為唐軍剿滅，士宏陣前病死，其後人逃至浙江，族人為躲避唐軍繼續追殺，改林姓為柴姓（取柴中有林），自此林姓有了一批姓柴的後人，這就是「柴林」的來由。

2. 林姓與後周

到林士宏的十二代，已是唐朝安史之亂後的五代十國時期。五代時期的後周，柴林遇到一個發展機會。事緣西元九四七年沙陀人劉知遠起兵太原，建立後漢，劉稱帝不到一年就死了，其子劉承祐繼位，拜郭威為樞密副使。

西元九五〇年四月時，劉承祐因疑忌大臣，下詔屠殺郭威、柴榮家人。當出身微寒的郭威受後漢之命北上抗遼，兵至澶州將士撕黃旗披郭身，擁戴他做皇帝。郭於是班師回朝，誅隱帝奪後漢天下，於西元九五一年正月建立後周，帝號周太祖，年號廣順。

西元九五四年，周太祖去世，只能將皇位傳給他的嗣子郭榮，是為世宗。嗣子郭榮實姓柴，是郭威皇后柴氏的侄子，而郭威這個柴氏皇后正是林士宏第十二代後裔柴守禮的親妹妹。

世宗幼年家境不好，受過苦，因此他當皇帝後成為一位少有的明君。他減輕稅賦、關心農事、興修水利，抑制以往對佛教過分尊崇，熔銅佛鑄錢幣活躍經濟，並開始統一大業。六年努力已奠定一定基礎。然而周世宗為人正直，機心不夠，對臣下謀反之心估計不足，即使他曾收過「檢點作天子」的木牌，依然毫不警醒，致後來竟突然患上不明之疾死於開封。世宗死後其四子、七歲的柴宗訓（林士宏十四代）繼位，是為恭帝。在位僅半年。西元九六〇年正月初，趙匡胤發動「陳橋兵變」謀得帝位，建立宋皇朝，結束了五代時期。等於周太祖及周世宗的成果為原後周封疆大吏趙匡胤所奪，後周從九五一年到九六〇年存在不到十年。

趙匡胤算有點良心，自感愧對周世宗，賜給宗訓及其後代「誓書鐵卷」保其特權。這就是為什麼世宗百多年後的後裔，水滸英雄中排行第十的天貴星小旋風柴進會有那麼多保護江湖豪傑的特權。

3. 改柴為林

宋太祖於建隆三年（九六二）十二月降柴宗訓為鄭王，宗訓出居湖北房州。後來宗訓弟，成都將軍柴穆在鄭州起兵反宋，為宋軍擊敗，逃於濟南山紫雲樹下。開寶六年（九七三）宗訓死，為恐怕災難波及族人，柴家後人眷屬、官員隨從，逃至濟南山隱避。（濟南山，一說係山東濟南，一說係河南濟南山，一說係福州濟南山。新編閩汀武杭濟南林氏族志則認可福州濟南山）。宗訓長子詠。（新編閩汀武杭濟南林氏族志記載，宗訓生子四：朝、寶、厚、嚴。所以長子名為「朝」）為隱姓埋名，更拆「柴」字去「此」添「木」，變柴為林，得歸本姓，並以「濟南堂」為堂號。

（九）入杭世系

從上面第七節可見祿公入閩後傳到第二十七代，即宋朝的釗公（「小名六三郎宋銀青光祿大夫任南昌尹」——《平遠濟南林氏族譜》二三頁）。他的長子即綠公二十八代孫萬一郎公，又名尚卿（生於北宋哲宗元祐元年（一〇八六）歿於南宋高宗趙構紹興十六年即公元一一四六年）。徽宗宣和年間（一一一九—一一二五）由汀州和田水口移居現福建靠西北的上杭縣郭坊村，正是他成為上杭始祖。

從萬一郎之後東石林氏在上杭休養生息了九代，即萬一郎的九代孫彥英公才進入廣東平遠東石糶米崗，他們承傳的次序如下：

一、萬一郎公（釗公長子）
二、三十七朗公（萬一郎公長子）
三、小四郎公（三十七朗公次子）
四、伯三郎公（小四郎公三子）
五、千九朗公（伯三郎公三子）
六、季春公（千九朗公次子）
七、德敏（得旻）公（季春公長子）
八、景生公（德敏公次子，生子三：彥斌、彥英、彥常）
九、彥英公（景生次子）

其實三兄弟的後裔均有遷徙平遠，只是東石林姓是彥英公之後，所以以後會主要追蹤彥英公這一脈。其他兩兄弟的情況會從略。

據拙文《漫說黃帝到東石》開始時闡明的宗旨，是尋找從黃帝開始其後裔如何繁衍發展到東石，人們推算彥英公是比干第一一九代孫，彥英公已到了東石，所以此文的任務已完成，至於彥英公以後的詳情就有其他文章專門再論吧。

二十　彥英公後裔在東石涼庭

平遠林姓絕大部分是彥英公兄弟後裔，東石涼亭林氏更是彥英公直接後裔。彥英公妻子姓湯，彥英公死後原葬於石田咸水墩，於清雍正已酉七年（一七二九年）遷葬於廣東平遠東石耀米崗龍頭崗下。

彥英生國資、國資生貴、貴在明成化元年（一四六五年）生本清，本清有九子，三房茂公更是東石涼庭直接先祖。由彥英公繁衍發展至我們這一輩族譜有清楚記載，彥英公到平遠後經歷代極為艱辛的開拓，至使今天林姓在平遠東石生機勃勃。我們很應該瞭解這些發展過程，以便對我們後人今天的奮鬥有所激勵。

（一）彥英公踏足平遠東石

彥英公如何來的？據道光乙酉（一八二五）年林欽達所修廣東《平遠東石林氏族譜》記載，彥英公是明洪武四年（一三七一）由福建汀州府上杭縣石田村遷居廣東嘉應州平遠縣東石鄉耀米崗（中國家譜總目一七一—〇四八四，卷十七）。

但據《平遠濟南林氏族譜》（第一百頁）稱，彥英公處在元末明初動蕩不定局勢，他「有四

落擔祖屋。

方之志」可能因此外出尋找新的生息之地：「……由上杭遷粵東之程鄉縣，卜居於本鄉之糶米崗，嘉靖四十年拆程鄉地置平遠縣，子孫遂隸平遠籍……」所以彥英公到糶米崗時平遠縣尚未成立。又有說彥英公年輕時曾往東石糶米崗做工，後到該地成家創業。但傳說：彥英公父子由上杭石田塘尾，挑擔由蕉嶺一路來到東石羅米崗，突然扁擔斷裂，因此認為這是天意要在此定居，所以東石有一「落擔祖村」，其名由此而來。

（二）彥英公及其後人在東石艱苦奮鬥

彥英公父子在東石定居後，主要以販賣牛種為生，積累財富後，行善積德，曾在叫「羅米崗」的地方運米賑災村民，人們感念其功德，把「羅米崗」改為

「糶米崗」，後來此地發展成當地小墟。

先輩到東石糶米崗，站穩腳跟是個極為艱苦的過程。據《平遠濟南林氏族譜》記載，彥英公到糶米崗以後「先是兵屯之後土地荒蕪民居寥落」彥英公「始至披荊翦棘力闢屯蒙」以至「期年之間遠近仰慕從者接踵復成村市」這都是彥英公「淵默察物長厚待人寬以居之仁以行之故為開先之哲而保世滋大於無窮也。」可見既要勤勞刻苦還要有眼光、有善心。

彥英的獨子國資公（名奎）更「隨待遷移恪共子職」並且「時鼎革之初百度草創未暇疆理邊地公呈請開荒以供國用復躬親服賈以承色養勤苦所積遂致富饒」國家對這些偏僻荒蠻之地未有顧及，國資公請求衙門獲准開荒，最後勤苦勞動積累致富。

而國資公的獨子貴公（隱德）更熱衷在鄉間為善「好施不倦歲饑遍給裡人牛種又數運米後岡分賑貧乏施以成市」這樣使到「人感其德誌其事遂名其裡為糶米崗」而且導致官員把事跡上報朝廷，朝廷來文為其建立「忠義孝悌祠」。

從彥英公的洪武四年到其第四代本清公已是明成化年間了，歷經了（一三七一年至一四六五年）近百年，本清公（號碩德）才「以守兼創益振家聲富甲鄉邑」，就是才積累了一定財富，成為東石富甲一方的大戶。本清公生有九子，分別是：

一、巒公

二／三、茂公

四、芳公

五、德公

六、積公

七、安公
八、寧公
九、靜公

本清公是東石林家發展關鍵的一代，我們則是本清公三子茂公一房的後代。史載彥斌、彥英、彥瑞三兄弟都先後有後裔遷入平遠。而彥英、彥瑞兩兄弟在平遠東石開基後成為上杭外遷林氏最旺的二房。其中尤以彥英公後裔在東石周圍的發展更好，僅以本清公以下九房來看，四房遷居江西會昌，五、九房去向未詳之外。其他六房分布全縣各村鎮：東石、河頭、汶水、大柘、泗水各處都有，僅東石就有近三萬之眾。彥英的十四至十六世還有部分後裔後來從平遠遷居臺灣、四川、湖南、廣西。

（三）從彥英公到奏臚公的簡單過程

我們上、下涼亭的林姓是彥英公四世孫本清公的裔孫，本清公生九子，共九大房，我們是三房。到琨露公（乾隆葵未一七六三年生）已是彥英公第十六代，琨露公三子崇亮公（嘉慶丙寅一八〇六年生）第十七代，到筆者的曾祖父奏臚公已是彥英公的第十八代孫，所以魯傳、演存（女）、釗基、林震、楷基為第十九代；公頓、林瑋（女）、燮齡、士諤、教齡、旭齡、代齡為第二十代、我們這一代是二十一代。

在〈奏臚公及其名下值得稱頌的四男兩女〉一文（見第十三頁）已提到《平遠濟南林氏族譜》

是來自《林氏柴林閩杭老祖譜系簡錄》，但沒有了「柴林」兩子，原因本人在《漫說黃帝到東石》已有解析。

下面以列表的方式把彥英公到東石後發展繁衍情況介紹如下：

彥英公以下二十一代的各代簡況（*只列與奏臚公一脈有關的先人）

代次	祖先名字	生卒年代	生子情況（由大到小順序）	備註
一	彥英*	生歿未詳	一子：國資	明洪武四年（一三七一年）由福建上杭石田遷平遠耀米崗。
二	國資（奎）	生未詳，歿明永樂十一年（成祖朱棣一四一三年）	一子：貴	彥英獨子
三	貴（字隱德）	生未詳，歿明景泰二年（代宗朱祁鈺一四五一年）	兩子：木清、篁桂	國資獨子
四	木清（字碩德）	生未詳，歿明成化元年正月（憲宗朱見深一四六五年）	九子：巒、壑、茂、芳、德、積、安、寧、靜	貴長子
五	茂（號光厚）	生歿未詳	一子：楨	木清三子，東石涼庭直接先祖
六	楨	生歿未詳	五子：璣、瑾、珂、珮、璲	茂獨子

七	瑾	生歿未詳	一子尚智	楨次子
八	尚智（魁明、號西湖者賓）	生明宏治辛酉年（孝宗朱祐樘一五〇一年），歿於隆慶己巳七月（一五六九年）	七子：大根、大源、大嵩、大相、大舉、大寶、大選	瑾獨子
九	大源（國清、號金峰）	生明嘉靖十一年（世宗朱厚熜一五三二年），歿於嘉靖四十五年丙寅（一五六六年）	二子：顯榮、顯華	上智次子把總，在河源征寇回師龍川時逝世
十	顯華（號惟柏）	生歿未詳	三子：汝仰、汝佳、汝仁	大源次子
十一	汝仰（侃義、達德）	生歿未詳	三子：文鶴、文朝、文邦	顯華長子
十二	文朝（一椿、號逸叟）	生歿未詳	六子：應伯、應仲、應叔、應季、魁應、遴應	汝仰次子
十三	應伯	生歿未詳	三子：京宲、京宋、京宗	文朝長子
十四	京宗	生歿未詳	一子：東煌	應伯三子
十五	東煌	生歿未詳	五子：端露、璋露、瓊露、璲露、琨露	京宗獨子

世	名號	生歿	子嗣	父
十六	琨露（名陽謨、號文階）	生乾隆葵末五月（高宗弘曆一七六三年），歿未詳	三子：崇允、崇九、崇亮	東煌五子
十七	崇亮（宴堂、號用賓）	生嘉慶丙寅九月（仁宗顒琰一八〇六年），歿同治四年乙丑七月（穆宗載淳一八六五年）。	子三：傑晉、傑益、傑灃	琨露三子
十八	傑益（欽雲、號奏臚）	生道光十一年葵卯正月初四亥時（一八三一年），歿光緒十八年壬辰正月二十七日卯時（一八九二年）	子四：焯基、釗基、異基、楷基	崇亮次子
十九	一、焯基（名商翼、號魯傳）	一、生光緒三年丁丑三月二十三日酉時（一八七七年），歿民國十三年一九二四年。	一、子二：振齡、燮齡	一、傑益（奏臚）長子
	二、釗基（名鵬翼）	二、生於光緒九年（一八八三年）葵末二月初十	二、子二：俊齡、教齡	二、傑益二子
	三、異基（名震原名穎翼、號叔慧）	三、生光緒十二年（一八八六年）丙茂十二月初一申時（一八八六年）歿民國一十三年（一九二四年）	三、子二：粵齡（士諤）、旭齡	三、傑益三子
	四，楷基	四、生於光緒十八年（一八九二年）壬辰七月	四、子二定齡、代齡	四、傑益四子

二十

一、振齡（名士覺、號公頓） 二、燮齡 三、俊齡（夭折） 四、教齡 五、粵齡（士諤） 六、旭齡（士驤） 七、定齡 八、代齡
一、生光緒二十四年戊戌八月十一日辰時（一八九九年）歿中華人民共和國公曆一九五七年 二、生民國八年己未年十月，歿不詳 四、生民國五年 五、生民國二年葵醜六月 五、生民國三年甲寅十一月 七、（早殤） 八、生於民國八年己未十二月不正常死於一九七一年
一、子三馨曾、紀曾、慧曾。女四益群（幼殤）、婉曾、若曾、定曾。 二、早殤無子 四、子二、意曾、志曾 五、子二、德偉、德傑 女一、德美 六、子一、曉曾 八、子二、洪曾、錫曾
一、焯基（魯傳）長子 二、魯傳次子 三、釗基長子 四、釗基次子 五、異基（震）長子 六、異基（震）次子 七、楷齡長子 八、楷齡次子

按上面總結第二十一代情況如下：

一、振齡（公頓）名下：馨曾、宛曾（女）、紀曾、若曾（女）、定曾（女）、慧曾。（燮齡早殤無子）。

二、教齡名下：意曾、志曾。

三、粵齡（士諤）名下：德偉（鵬曾）、德美（女）、德傑。

四、旭齡（士襄）名下：曉曾。

五、代齡名下：洪曾、錫曾。

（九）林彥英公祠——平遠東石林姓對祖先的紀念

作為明初走進平遠東石最早的先祖，彥英公現在後裔數以萬計，尤其東石、河頭、大柘、泗水各村，所以在東石鎮有一個「林家祠」，其外表**（見下圖）**

《林彥英公祠》建於民國十六年，為東石林氏後裔為紀念開基祖彥英公而建。內有民國元年平遠首任議長、平遠縣中學堂監督、一九二五年平遠縣代理縣長林成蔭先生（東石鄉人士）所作一對祠聯，云：「彥聖懷聖哲，英華啟後昆」。

解放初期，由政府徵用設為醫院，八〇年代由林氏後裔港、奧、臺胞聯合出資購回，作為林姓聚集、祀祖場所。

《林彥英公祠》分上下堂，上堂無樓，正中為林彥英石像，立石刻於後牆壁，右左對聯為「木思本水思源思本思源妥懷石室，花繁枝宗繁族繁枝繁族乃蔚長林」。正堂橫樑雕龍畫鳳，居中上書

忠孝堂（遠處中間是彥英公石像）。

林家祠。

《忠孝堂》金黃大字，左牆有石刻介紹先祖德行，先父林公頓像亦掛於顯著位置。右牆上也掛人物像片，均為考取大學而又無錢讀書，後由本族捐助完業人士；下堂兩層樓，為木質結構，立扛梁石柱八條，高約十多米，整體建築高大，採光充足。

筆者曾經在上世紀九〇年代末，由當時平遠政協主席林昭瑞先生陪同參觀過林家祠。林主席年紀比我大，還是我華工同系的校友，但輩分比我低一輩，由他帶領參觀記憶猶新。

二〇一六年在表兄惠沖、堂兄志曾陪同下到涼庭祖屋看了。現以當時所照幾張數位相片介紹一下。

特別應該感謝現在仍然居住於祖屋的同宗兄弟姐妹。尤其錫曾帶領發動下，在下涼庭新修的先祖牌位，使任何涼庭後人到訪時無形中感到根之所在。而意曾兄費了很大心機、花了不少金錢建了一間豪華住宅，成為目前上、下涼庭一座標誌性現代建築，不但為涼庭林姓

與平遠原政協主席林昭瑞在林家祠前的合影。

忠孝堂左壁較大的三張相，右面是先父林公頓。

後人爭了光，使涼庭先祖在天之靈一定倍感欣慰！意曾兄等實際上是最懂行孝道的林氏後人啊！他們與先祖故地長相廝守的行動，心中比任何林家後人都熱愛故地的精神，一定會得到先人的特別眷顧，也實在值得我們這些孝心有限的後人學習。

左：上涼庭祖屋及前面的池塘（右面是先母居住過的地方）。
右：意曾兄在下涼庭祖居地建的新宅。
下：作者與長女林嵐在刻有「上涼庭」村名的石頭前留影。

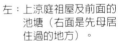

附錄

林則徐、媽祖、林彪與東石林氏的關係

歷史上林姓著名人物太多了，要查找他們與東石林姓的關係，也許可能、也許不可能，不管可不可能，一定很繁瑣、沉長，不是短時間或沒有耐心可以做到的。只有那些對林氏歷史極有興趣的人士興許在必要的時候才能做好這項工作。筆者乃外行僅僅出於興趣，就近、現代及古代幾個林氏著名人物：林則徐、林彪以及受兩岸共同信奉的神化人物媽祖（林默娘）與東石林氏的關係試作尋找。

林祿入閩這情況前面已有詳細敘述，所以我們知道林祿之前，南方沒有有記載的林姓這是清楚的，所以林則徐、林彪、林默均屬林祿後裔應沒問題。

林祿入閩後，他的第十代孫林茂，據《平遠濟南林氏族譜》載：「茂公字汝盛元次公次子隋文帝（楊堅）開皇三年（西元五八三年）任右丞由晉江今泉州遷莆田北螺村為闕下九牧祖……」故林茂，是以後在林姓發展中極為重要的闕下林和九牧林的祖先。

林茂的第六代孫萬寵公生有三子：韜、披、昌（他們生活在唐玄宗李隆基七一三—七五六年間）。我們平遠東石林姓的祖先是萬寵公長子林韜公，萬寵公次子林披公是所謂「唐九牧」的父親。可見在韜公、披公時即唐玄宗李隆基時代的西元七一三—七五六年間，平遠林氏先祖（韜）已與九牧先祖（披）分開。

至於闕下林的開基祖是茂公九代萬寵公的曾孫林欑，林欑是祿公第十八代，他處在平遠林姓發展軌跡上，是東石林姓的直接祖先，他也已與九牧林分支。

而「九牧」為：葦、藻、著、薦、暉（鄭氏出）蘊、蒙、邁（陳氏出）蒧（朱氏出）。為什麼叫「九牧」？因為林披公所生九子，個個出色都做了官，所以叫「九牧」云。

林則徐與林披有關，因林披所生九牧中的長子林葦是林則徐先祖，實際傳承路線，因《林氏史話》也說：「不清」，所以筆者也尋覓不出，這裡就從略了。不過林則徐在林披「九牧」這一支裡，而平遠屬披的長兄韜這支，所以在李隆基之後，則徐先祖已與平遠林姓這支分開了。

媽祖林默、林彪元帥呢？也與林披有關，因為九牧中六子林蘊則是媽祖林默娘、解放軍元帥林彪的先祖。所以則徐先祖是披長子，而林默娘、林彪先祖是披的六子。

據查，林蘊生願、願生邕、邕生圉、圉生保吉、保吉生孚、孚生惟愨、惟愨就是林默娘的父親，因此林默娘媽祖是林披六子林蘊的七代孫！

又查得：湖北黃岡縣（今黃州市）白雲山下林氏三兄弟林育英、林育南、林育容（林彪）也是林蘊後裔。黃崗林氏家譜記載，開基祖為林蘊二十二代孫林千一。黃岡林氏十九世林大生兩子：時西、時朗，時西生焱臣，焱臣生林育英；時朗生協甫（老三）、明卿（老四）協甫生育南，明卿生育容即林彪，為黃岡林氏開基祖的二十二代孫了，故育英、育男、玉容（即林彪）同一個祖父（以上參考《林氏史話》）。

從上可見，林披的長兄林韜是東石林姓直接祖先，林則徐、媽祖、林元帥他們都是林韜親弟弟林披之後，因此在林韜、林披時期，即上述唐玄宗李隆基，西元七一三—七五六年間，平遠東石林姓先祖已與林則徐先祖、媽祖林默娘先祖、林彪元帥先祖分開。萬寵公時東石林氏先祖與林則徐、媽祖、林彪的先祖仍在同一張卓子吃飯，之後就不在同一張桌子上吃飯了，這是明確的。

編後有感

蔽舍雖舊，天棚不矮，白天可環視三面海景。晚上夜深人靜偶上仰望星空，有孤身立於天涯海角的惆然，冥想中覺得若地球僅宇宙一塵，人則不如此塵上之一塵，浩瀚宇宙中人是多麼渺小！

人生一世，閃忽一剎，在浩淼歷史長河中很快就無影無蹤！故而推之，回憶、紀念、追蹤之意義何在？又實屬見仁見智。

惜我輩凡人，受世俗影響，未能大徹大悟。深感不敬不孝之罪愧對先人，盼以文字誠表悔意，使先祖在天之靈得以慰藉和安息，自己或可稍得心靈補償，此是其一。

再者回憶、追蹤也非毫無意義：它讓人們知道為中華奮鬥的仁人志士存在於社會各個階層；它讓人們在對先人足跡瞭解之餘，對社會及個人的作為能在比較中得到鑒別，在鑒別中學到經驗；它讓人們懂得時代即使多麼偉大，歷史過程都不可能是無暇的美女；它使人們相信先祖們若見到今天民族的突飛猛進，一定興奮不已。因此人們也應感悟到，對社會的評價實在應有一個平衡的心態！

記述先人，係我中華傳統，一人之功極微，眾人合力或可成河。且人類長河洶湧之瀾，其延續也許不會很快終結。雖「人還不如塵埃上之一塵」，然這些小小塵埃其能量也不可低估，人類萬年的發展、尤其近幾百年以來的迅猛變化充分說明這點。至於今後科學發展又將會把人類帶向何處？那就更難以預料了。

故此記述回憶和追蹤就像洶湧巨瀾中一滴水，它流到什麼地方、流多長時間就隨其自然吧！所以筆耕者，無非如此也。

二〇一七年三月二十二日

血歷史94　PC0676

新銳文創
INDEPENDENT & UNIQUE

尖山腳下一家黃帝子孫

作　　者	林慧曾
責任編輯	洪仕翰
圖文排版	莊皓云
封面設計	葉力安

出版策劃	新銳文創
發 行 人	宋政坤
法律顧問	毛國樑　律師
製作發行	秀威資訊科技股份有限公司 114 台北市內湖區瑞光路76巷65號1樓 電話：+886-2-2796-3638　傳真：+886-2-2796-1377 服務信箱：service@showwe.com.tw http://www.showwe.com.tw
郵政劃撥	19563868　戶名：秀威資訊科技股份有限公司
展售門市	國家書店【松江門市】 104 台北市中山區松江路209號1樓 電話：+886-2-2518-0207　傳真：+886-2-2518-0778
網路訂購	秀威網路書店：http://store.showwe.tw 國家網路書店：http://www.govbooks.com.tw

出版日期	2017年11月　BOD一版
定　　價	350元

版權所有・翻印必究（本書如有缺頁、破損或裝訂錯誤，請寄回更換）
Copyright © 2017 by Showwe Information Co., Ltd.
All Rights Reserved

Printed in Taiwan

國家圖書館出版品預行編目

尖山腳下一家黃帝子孫 / 林慧曾著. -- 一版. --
臺北市 : 新鋭文創, 2017.11
面； 公分. -- (血歷史 ; 94)
BOD版
ISBN 978-986-95452-3-5(平裝)
1. 林氏 2. 家族史 3. 傳記

544.2933 106017730

讀者回函卡

感謝您購買本書，為提升服務品質，請填妥以下資料，將讀者回函卡直接寄回或傳真本公司，收到您的寶貴意見後，我們會收藏記錄及檢討，謝謝！

如您需要了解本公司最新出版書目、購書優惠或企劃活動，歡迎您上網查詢或下載相關資料：http:// www.showwe.com.tw

您購買的書名：________________

出生日期：________年________月________日

學歷：□高中（含）以下　□大專　□研究所（含）以上

職業：□製造業　□金融業　□資訊業　□軍警　□傳播業　□自由業

□服務業　□公務員　□教職　□學生　□家管　□其它_____

購書地點：□網路書店　□實體書店　□書展　□郵購　□贈閱　□其他

您從何得知本書的消息？

□網路書店　□實體書店　□網路搜尋　□電子報　□書訊　□雜誌

□傳播媒體　□親友推薦　□網站推薦　□部落格　□其他__________

您對本書的評價：（請填代號　1.非常滿意　2.滿意　3.尚可　4.再改進）

封面設計____　版面編排____　內容____　文／譯筆____　價格____

讀完書後您覺得：

□很有收穫　□有收穫　□收穫不多　□沒收穫

對我們的建議：________________

____

____

____

請貼
郵票

11466
台北市內湖區瑞光路 76 巷 65 號 1 樓
秀威資訊科技股份有限公司 收
BOD 數位出版事業部

（請沿線對折寄回，謝謝！）

姓　名：＿＿＿＿＿＿＿＿　年齡：＿＿＿＿　性別：□女　□男

郵遞區號：□□□□□

地　址：＿＿＿＿＿＿＿＿＿＿＿＿＿＿＿＿

聯絡電話：（日）＿＿＿＿＿＿＿＿（夜）＿＿＿＿＿＿＿＿

E-mail：＿＿＿＿＿＿＿＿＿＿＿＿＿＿＿＿